国家出版基金项目
NATIONAL PUBLICATION FOUNDATION

“十三五”国家重点出版物出版规划项目
中国反腐败国家立法研究丛书

国外对中国近年来反腐败及反腐败立法的评价研究

聂资鲁 著

湖南大学出版社
·长沙·

图书在版编目（CIP）数据

国外对中国近年来反腐败及反腐败立法的评价研究 / 聂资鲁著. -- 长沙：湖南大学出版社，2023. 11
（中国反腐败国家立法研究丛书）
ISBN 978-7-5667-2541-7

Ⅰ. ①国… Ⅱ. ①聂… Ⅲ. ①反腐倡廉—立法—研究—中国 Ⅳ. ①D922. 110. 4

中国版本图书馆 CIP 数据核字（2022）第 100317 号

国外对中国近年来反腐败及反腐败立法的评价研究
GUOWAI DUI ZHONGGUO JINNIANLAI FANFUBAI JI FANFUBAI LIFA DE PINGJIA YANJIU

著　　者： 聂资鲁
策划编辑： 谌鹏飞
责任编辑： 严　朔
印　　装： 湖南天闻新华印务有限公司
开　　本： 710 mm×1000 mm　1/16　　**印　　张：** 12. 5　　**字　　数：** 202 千字
版　　次： 2023 年 11 月第 1 版　　**印　　次：** 2023 年 11 月第 1 次印刷
书　　号： ISBN 978-7-5667-2541-7
定　　价： 60. 00 元

出 版 人： 李文邦
出版发行： 湖南大学出版社
社　　址： 湖南 · 长沙 · 岳麓山　　**邮　　编：** 410082
电　　话： 0731-88822559（营销部），88821691（编辑室），88821006（出版部）
传　　真： 0731-88822264（总编室）
网　　址： http://press.hnu.edu.cn
电子邮箱： presschenpf@qq.com

总 序

党的十八大以来，以习近平同志为核心的党中央，从维护党和国家长治久安与回应民众期待要求出发，高度重视法治反腐，坚定不移地推进党风廉政建设与反腐败斗争。反腐败斗争力度前所未有，取得的成就令世界瞩目，成功地走出了一条中国特色的反腐败之路。我国在国际社会树立了良好的形象，国际影响力与话语权不断得到提升。

在国际规则重塑的当下，国际社会，尤其是新兴国家，特别需要中国提供的公共产品——反腐败中国方案与中国经验，国际反腐败合作也需要中国参与和推进。十年来，中国秉持多边主义立场，积极维护以联合国为核心的反腐败国际治理体系，积极参与反腐败多双边合作，坚决打击跨国腐败犯罪，推动全球反腐败秩序向更加公平公正的方向发展，为构建人类命运共同体作出了中国贡献。

推进反腐败国家立法，是党的十八大以来，以习近平同志为核心的党中央全面从严治党重大政治建设成果的经验总结。推进反腐败国家立法，事关党风廉政建设和反腐败工作全局，是建设中国特色社会主义法治体系的重要内容。在十八届中央纪委二次全会上，习近平总书记就提出，要善于运用法治思维和法治方式反对腐败，加强反腐败国家立法，加强反腐倡廉党内法规制度建设，让法律制度刚性运行。党的十八届四中全会提出："加快推进反腐败国家立法，完善惩治和预防腐败体系，形成不敢腐、不能腐、不想腐的有效机制，坚决遏制和预防腐败现象。"党的十九大报告提出："推进反腐败国家立法，建设覆盖纪检监察系统的检举举报平台。"党的二十大报告明确提出："深化标本兼治，推进反腐败国家立法。"

“中国反腐败国家立法研究丛书”（以下简称“丛书”），基于党的十八大以来“推进反腐败国家立法”和“一体推进不敢腐、不能腐、不想腐”“夺取反腐败斗争压倒性胜利”这一时代背景，以习近平法治思想为根本遵循，深入分析党风廉政建设与反腐败斗争中的重大法治问题，尤其是立法问题，博采众长，希望建构起一种与社会主义市场经济、法治国家和民族精神的发展相适应的道德、廉政、法治秩序，以服务于法治中国建设，服务于中国式现代化建设。

丛书含括《反腐败国家立法通论》《国际组织反腐败立法研究》《防止公职人员利益冲突立法研究》《公共财政绩效预算与反腐败立法研究》《国有企业反腐败立法研究》《推进反腐败国际立法研究》《国外对中国近年来反腐败及反腐败立法的评价研究》等七个分册，凝结了作者对反腐败国家立法的历史沿革、立法原理、立法文本、立法技术、立法效果等方面的全面梳理、归纳与思索。丛书既有关于反腐败国家立法的整体分析，又有对于重点领域立法推进的具体研究，以及对国际反腐败合作与立法的深度研究，还有对国外评价中国反腐败国家立法效果的再评价，它们共同构建了一幅全景式展示反腐败国家立法理论、历史与发展规律、立法技术等的蓝图。

其一，建构了中国反腐败国家立法研究的分析框架和研究范式。从腐败的生成机理、构建反腐败的核心要素、反腐败立法的正当性和合法性等方面搭建了中国反腐败国家立法的分析框架。

其二，概括了反腐败国家立法模式。在对国外反腐败国家立法实践进行全面梳理和总结分析的基础上，将国外反腐败国家立法分为三个时期、三种模式，并对三个时期和三种模式进行了评析，总结了世界各国在反腐败立法上的经验教训。

其三，论证了我国推动反腐败国家立法体系化的必要性和可行性。从维护社会公平正义与和谐稳定的宏观角度，依然严峻的反腐败形势的中观角度，以及我国对《联合国反腐败公约》履约、为国际社会提供反腐败公共产品的微观角度，论证了我国推动反腐败国家立法体系化的必要性。从政策支持、理论储备、立法依据和国际经验等四个方面论证了我国推动反腐败国家立法体系化的可行性。

其四，以国外反腐败法律文本、立法实践为研究对象，落脚于对我国反腐败国家立法的探索，提出了未来我国反腐败国家立法体系的构想，提供了若干立法草案。

其五，提出了推动中国特色反腐败法典的编纂是当下刻不容缓的要务的观点，并着力分析了推动反腐败法典编纂的必要性、可行性，提出了起草反腐败法典的思路、框架与实施策略。

丛书既有对当代中国反腐败国家立法体制机制、反腐败立法体系化和反腐败法典的内涵及其特点、规律的探索，又有对国外反腐败国家立法的得失、特点与规律的总结，还有对国际组织反腐败立法的研究；既有对推进反腐败国际立法与反腐败国际执法的研究，又有对国际反腐败立法、执法绩效评估的研究。这些既是对反腐败国家立法、反腐败国际立法的历史演进、现实发展的研究，也是对未来反腐败法治建设的前瞻。

希望丛书能够给广大读者以启发，也期待着大家的批评指正。

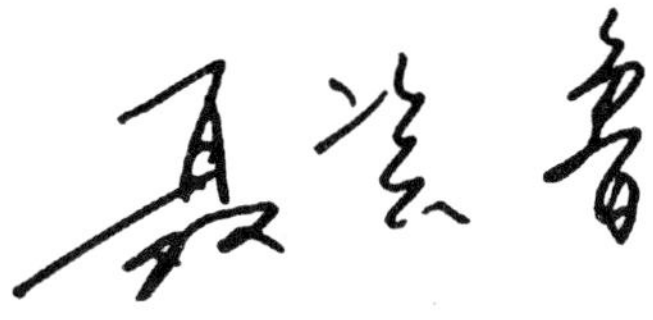

2023 年 6 月 10 日

于广西大学

目　次

绪　论[①]

一、研究缘起与研究意义

（一）研究缘起

党的十八大以来，以习近平同志为核心的党中央高瞻远瞩，审时度势，坚持运用法治思维和法治方式反对腐败，不断推进党风廉政建设与反腐败斗争，不断加强反腐败国家立法，不断向国际社会提供反腐败治理的中国方案，不断推进反腐败国际合作与立法……这一系列举措创造了反腐败与反腐败立法的“中国奇迹”，引起了国际社会的广泛关注。国际社会各界也纷纷就中国近年来的反腐败与反腐败立法发表评论。

这些评价，不外乎肯定评价、中性评价和否定评价三种。对国外评价的再评价，将有助于我们了解国外“他者”眼中的“中国形象”，有助于我们理性思考、认真对待中国的反腐败国家立法，也有助于中国向国际社会传播“中国的反腐败与反腐败立法的故事”，进一步推进反腐败国际立法。因此，对国外评价进行再评价具有非常重要的意义与作用。

---

① 本书只对国外基于客观事实对中国反腐败与反腐败立法所进行的评价进行研究，国外对中国反腐败与反腐败立法的抹黑、歪曲和不实指责不在本书研究范围内。特此说明。

（二）研究意义

从国外视角看中国，对国外的评价进行再评价，具有重要的理论意义和现实价值。

1. 有助于更准确地认识中国的国际形象

国外的评价为我们提供了不同的视角，帮助我们了解和把握世界对中国的看法，加强对国际涉华舆情信息的跟踪，为国家对外战略和政策的制定提供依据。通过了解不同文化背景、思维方式的观察者对中国当前反腐败与反腐败立法的认识和理念，我们能更准确地认识中国的国际形象。

2. 有助于更清晰地认识中国话语在国际上的传播现状和地位

党的十八大以来，中国特色社会主义进入新的发展阶段。国外各界对中国近年来反腐败与反腐败立法的评价，在一定程度上反映了中国在这一领域的国际形象。因此，这些评价可以为提升中国的国际形象提供重要的信息支持。

3. 有助于以更加开放的态度来审视自身的问题，理性回应评价，传播好中国的反腐败与反腐败立法故事

国外各界对中国近年来反腐败与反腐败立法的评价大多较为客观公正，但也存在部分过度解读甚至曲解、妖魔化的倾向。全面了解并重新评估这些评价，对于有针对性地传播好中国声音具有重要的理论意义与学术价值。

由于我们和国外学者在立场、倾向、态度上往往存在分歧，因此在讲述中国故事时需要清楚阐明理论和逻辑，向国外真实展现中国特色与中国气派的反腐败与反腐败立法，为世界贡献“中国智慧”与“中国方案”。

4. 有助于为党和政府在制定反腐败决策时提供学理支撑

深入了解中国近年来反腐败与反腐败立法发展所面临的问题和

挑战，有利于提前做出科学规划和应对。例如，国外政要等的评价基本代表了国际社会对中国的主流认知。因此，研究他们的评价可以为我们更清晰地认识中国近年来反腐败与反腐败立法存在的问题和面临的挑战提供全新的思考视角，有助于我们提前理性预判可能遇到的问题和挑战，增强决策的现实性、有效性和针对性，为党和政府在制定反腐败决策时提供相应的学理支撑。

二、研究综述

国外学界一直都有研究“中国学”的传统，对当代中国的研究热度也一直未减，不少学者对中国近年来的反腐败与反腐败立法进行了研究。然而，需要指出的是，根据笔者的文献收集能力与方法，目前尚未发现有国外学者发表关于中国近年来反腐败与反腐败立法的综合性述评。

国内学界也一直有介绍、述评海外学者对中国研究的习惯。一些学者围绕党的十八大以来国外关于中国反腐败的评价等专题进行了研究。总体而言，国内学者对国外关于中国近年来反腐败评价的研究以研究综述为主，相关的博士学位论文和硕士学位论文数量并不多。

因此，我们的研究综述主要集中在国内学界。

笔者在广西大学图书馆通过“超星发现”搜索，以“国外中国反腐败研究”为关键词，共获得 1573 条中文结果，其中，期刊文章 184 篇，图书 27 本，报纸文章 384 篇，学位论文 485 篇，会议论文 11 篇。以“海外中国反腐败研究”为关键词进行搜索，获得 1505 条中文结果，其中，期刊文章 171 篇，图书 22 本，报纸文章 394 篇，学位论文 211 篇，会议论文 8 篇。以“国外对中国反腐败与反腐败立法研究”为关键词搜索，获得 324 条中文结果，其中，期刊文章 15 篇，图书 2 本，报纸文章 1 篇，学位论文 183 篇。以“海外对中国反腐败与反腐败立法研究”为关键词搜索，获得334条中文结果，其中，期刊文章23篇，图书5本，报纸文章1篇，学位论文84篇。

为进一步精准搜索，笔者尝试再细分，使用限定范围更小的关键词。以“国外政要对中国反腐败与反腐败立法评价”为关键词进行搜索，发现有17条中文结果，其中，期刊文章7篇，报纸文章1篇，学位论文6篇，会议论文1篇。其中，与主题有关的期刊论文是潘春玲、过勇的《海外学者对党的十八大以来中国反腐败工作的评价》[①]；在学位论文中，有4篇是笔者在湖南大学法学院任教时指导的，包括乔明远的《域外政要对中国近年反腐败及反腐败立法评价研究》[②]、姜芳的《外国学界对中国反腐败及立法评价研究》[③]、张肖肖的《国外智库对中国反腐败及立法的评价》[④]、罗武华的《域外媒体对我国反腐败及反腐败立法的评价研究》[⑤]，其他两篇学位论文与主题关联不大。

以“国外主流媒体对中国反腐败与反腐败立法评价”为关键词进行搜索，共有17条中文结果，其中，期刊文章1篇，学位论文4篇，会议论文1篇。其中，与主题相关的是刘佳、王燕宁的《基于语料库的媒介批评话语分析——西方主流媒体对中国反腐败举措的报道》[⑥]；在学位论文中，有4篇是乔明远、姜芳、张肖肖、罗武华的学位论文，其他两篇学位论文与主题关联不大。

以“政党领袖对中国反腐败与反腐败立法评价”为关键词进行搜索，有7条中文结果，其中，学位论文4篇，分别是乔明远、姜

① 潘春玲，过勇．海外学者对党的十八大以来中国反腐败工作的评价［J］．广州大学学报（社会科学版），2018，17（01）：5-13.

② 乔明远．域外政要对中国近年反腐败及反腐败立法评价研究［D］．长沙：湖南大学，2017.

③ 姜芳．外国学界对中国反腐败及立法评价研究［D］．长沙：湖南大学，2017.

④ 张肖肖．国外智库对中国反腐败及立法的评价［D］．长沙：湖南大学，2017.

⑤ 罗武华．域外媒体对我国反腐败及反腐败立法的评价研究［D］．长沙：湖南大学，2017.

⑥ 刘佳，王燕宁．基于语料库的媒介批评话语分析：西方主流媒体对中国反腐败举措的报道［J］．知音励志，2016（23）：230-232.

芳、张肖肖、罗武华的学位论文。

从上可知，目前国内学者关于国外对党的十八大以来中国反腐败与反腐败立法的研究的再研究比较有限。代表性论文有潘春玲、过勇的《海外学者对党的十八大以来中国反腐败工作的评价》，陈答才、吕越颖的《近年来海外关于中国腐败与反腐败的研究述评》，何旗的《新时代中国治理腐败的显著成效、制度优势与世界意义——基于海外观察家的视角》等。

例如，潘春玲和过勇认为，十八大以来的反腐败斗争规模宏大、力度空前，引发了英美学者的学术兴趣。英美学者围绕中国反腐败斗争的总体情况、动机目标、反腐成效、体制机制改革以及对经济发展的影响等方面展开了学术讨论，并给予了相应评价。他们指出："要理性看待海外学者的评价"，"及时澄清海外学者的错误观点"，"适当参考海外学者的合理建议"。①

陈答才和吕越颖认为，近年来海外学者关于中国的腐败与反腐败问题的研究逐渐丰富和深入，不仅涵盖国内腐败的定义、特征、成因及腐败与其他社会问题的关系，还有对中国反腐制度、方式、机理、效果、发展方向以及群众的认同程度等。"大部分学者认为，腐败治理归根到底还是要依赖于更深入的市场体制改革、法治化的推进、独立的监督机构、廉政文化的不断培育以及当局者强烈的执行意愿"。②

何旗指出，党的十八大以来，中国治理腐败这一"现象级"的政治实践激发了海外观察家的热议与研究。他们从经济、政治、社会和国际等多维视角高度评价中国治理腐败取得的历史性成就，并将其归因为中国的国家制度和治理体系所具有的独特性与优越性。从

① 潘春玲，过勇. 海外学者对党的十八大以来中国反腐败斗争的评价［J］. 广州大学学报（社会科学版），2018，17（01）：5-13.

② 陈答才，吕越颖. 近年来海外关于中国腐败与反腐败的研究述评［J］. 求实，2017（05）：66-78.

深层密码看，中国治理腐败的制度优势主要体现为四个方面：中国共产党集中统一领导；坚持以人民为中心；党纪与国法双管齐下；重视自我监督与自我完善。正是这些中国制度的显著优势成功转化为治理腐败的效能，使中国反腐败斗争能够在短期内取得压倒性胜利。他指出："在国际社会的瞩目和期盼下，新时代治理腐败这个成功的中国故事是海外观察家持续热议的重要话题，成为众多国外政党学习借鉴的重点领域。"①

此外，涉及国外学者对党的十八大以来反腐败斗争评价的研究文献不少，择要列举如下：

段妍指出："中国改革开放以来取得的成就令世界瞩目，海外学界对中国取得的成绩愈来愈表现出认同与尊重，进而去追寻这些成绩背后的原因。海外学者围绕新时代中国特色社会主义的历史方位、经济新常态、构建人类命运共同体以及中国共产党的反腐败工作等，进行了阐释与剖析。"此外，"党对反腐败工作的重视也引发海外学者的广泛探讨，主要集中于反腐的目的、成效、对策与建议等"。海外学者对新时代中国反腐败工作的认识较为全面，涉及反腐的目的、成效，并提出对策与建议。但由于社会意识形态的对立，加之对中国国情缺乏全面客观了解，海外学者的研究亦存在偏见甚至错误，应加以纠正与澄清。段妍还具体否定了中国反腐的"选择性"，同时强调海外学者提出的强化反腐法制建设的建议具有一定合理性，但这并不意味着如海外学者所述中国反腐工作完全依赖于中国共产党，具体的执行措施富有弹性与活力。②

王敏在《改革开放以来中国共产党的建设——海外学者的视角》中关注的对象是海外对改革开放以来中国共产党建设的研究，"旨在

---

① 何旗．新时代中国治理腐败的显著成效、制度优势与世界意义：基于海外观察家的视角［J］．探索，2021（05）：14-27.

② 段妍．海外关于新时代中国特色社会主义相关理论与实践问题的研究［J］．晋阳学刊，2019（06）：22-27.

系统总结海外中国共产党建研究学界的研究议题、基本观点、研究范式和方法，为加强党的建设和提升国内党建研究质量提供借鉴”。他指出：“党的十八大以来，以习近平同志为核心的党中央坚定不移‘打虎’‘拍蝇’‘猎狐’，反腐败斗争取得历史性成就，初步实现不敢腐的目标，不能腐的笼子越扎越牢，不想腐的堤坝正在构筑，取得了反腐败斗争压倒性胜利。海外对反腐行动十分关注。海外解读主要集中在反腐是什么、为什么反腐、反腐举措以及对反腐的评价等方面。海外对反腐普遍持肯定和赞赏态度，但也存在误解，甚至恶意歪曲。海外对反腐行动的真知灼见有助于更好地将反腐败斗争向纵深推进。误解源于了解不多、知之不深。恶意歪曲源于根深蒂固的意识形态偏见。消除误解，批驳恶意歪曲，必须构建中国特色政治学话语体系，推进国际传播能力建设。”①

李丹青在《新世纪以来美国对中国共产党治国理政研究述评》中指出：“官员的腐败问题是全世界都长期面临的一个难题，而新世纪以来中国共产党的反腐败工作自然也是美国研究者一直以来关注的热点问题。从研究成果中可以看出，美国研究者主要集中探讨中国共产党开展反腐败行动的动因、措施和反腐前景三个方面。”“近年来，很多美国研究者在对中国共产党开展的反腐败行动所取得成效给予肯定的同时，也始终抱有一种怀疑心理。这种怀疑心理集中体现在认为中国共产党的反腐败斗争的逻辑出发点是‘派系之间的权力斗争’，是为了‘铲除政治对手’来‘巩固利益集团地位’的选择性手段”。“针对这种错误论断，习近平总书记早已给予坚决否定”，“同样，国内理论界也必须从理论和实践层面对中国共产党开展反腐败斗争的原因进行分析并予以反击”。② 李丹青还指出，海外学者认

① 王敏. 改革开放以来中国共产党的建设：海外学者的视角［D］. 北京：中共中央党校，2019.

② 李丹青. 新世纪以来美国对中国共产党治国理政研究述评［D］. 北京：中共中央党校，2020.

为同苏联相比，中国的反腐执行以纪律严明的政党为核心，也因此得以坚定地实现建设目标。①

徐天骄在《海外学者对中国腐败治理的认知研究》中选取国际期刊上的英文文献，探讨海外学者对中国腐败治理的总体印象，主要从基本判断、特征提炼和绩效评价三个方面展开。他指出："从总体上看，海外学者对中国反腐工作的评价趋于一致，肯定中国长期以来腐败治理的努力和成就，直面中国反腐工作中存在的不足，对中国反腐工作充满信心。"②

赵伟佳在《英美学界对党的十八大以来反腐败斗争的研究》中指出："从总体上看，英美学术圈对反腐败的积极评价是主流，也更具有代表性。同时也存在一些极力贬低、恶意打压的偏见甚至是攻讦"，提出要"实事求是地看待英美学者的评价，批判英美学者的错误观点和事实，吸收和借鉴英美学者的研究长处"。此外，"英美学界对党的十八大以来反腐败斗争的研究，不乏对党的反腐败斗争的批判甚至攻讦，从针对反腐败斗争本身的各种负面论调，到强加西方范式于中国，其中充满了西方理论范式高高在上的优越感与意识形态化的学术偏见。一些错误认识，在国内外都有一定市场，有段时间甚至甚嚣尘上。对此，驳斥与回应是必要的"。③

类似的研究还有李莉等的《海外中国腐败研究述评：基于2012—2016 年 SSCI 论文的分析》④、李慧杰等的《国际比较视角下的中国反腐研究：地位与影响》⑤、王陈的《海外学者眼中的中国共产

① 李丹青. 中共十八大以来海外学者对中国共产党领导核心作用的积极认知与评价［J］. 当代中国史研究，2019，26（04）：111-121+159.

② 徐天骄. 海外学者对中国腐败治理的认知研究［D］. 长春：吉林大学，2022.

③ 赵伟佳. 英美学界对党的十八大以来反腐败斗争的研究［D］. 杭州：中共浙江省委党校，2022.

④ 李莉，吴江，郑佳斯. 前沿与动态：海外中国腐败研究述评：基于 2012—2016 年 SSCI 论文的分析［J］. 广州大学学报（社会科学版），2018，17（01）：14-20.

⑤ 李慧杰，李杰，王龙. 国际比较视角下的中国反腐败研究：地位与影响［J］. 廉政学研究，2021（02）：191-211+245-246.

党领导核心》[①]、杨攀的《海外关于中国共产党纯洁性建设的研究综述》[②]、高晓林等的《海外关于中国共产党治国理政智慧的认识与评析》[③]、赵超的《海外学界论中国共产党的自我革新与提高》[④]、梁晓宇的《近年来海外学者对中国共产党的研究述评》[⑤]、高小升等的《国外学者对全面从严治党的认知评析》[⑥]、姬德强等的《中国反腐的国际传播：困境与出路——基于对在华外国留学生的实证研究》[⑦]、范红等的《反腐败传播与国家形象塑造》[⑧]、梁赛玉等的《牢牢把握对外传播中的反腐话语权》[⑨]、邓谨等的《海外学者对全面依法治国战略的认知评析》[⑩]、付正的《海外学者论改革开放以来中国政治的发展：基于〈中国季刊〉的考察》[⑪]、谢光远的《西方学者眼中改革开放以来中国政治的发展》[⑫]、轩传树等的《新时代中国共产党全面从严治党思想与实践的世界反响》[⑬]、焦佩的《海外习近平新时代中

① 王陈. 海外学者眼中的中国共产党领导核心［J］. 人民论坛，2018（36）：104-105.

② 杨攀. 海外关于中国共产党纯洁性建设的研究综述［J］. 党史文苑，2017（08）：78-80.

③ 高晓林，黄冰琼. 海外关于中国共产党治国理政智慧的认识与评析［J］. 当代中国史研究，2021，28（02）：17-31+156-157.

④ 赵超. 海外学界论中国共产党的自我革新与提高［J］，国外理论动态，2019（09）：108-117.

⑤ 梁晓宇. 近年来海外学者对中国共产党的研究述评［J］. 黑龙江社会科学，2021（01）：13-17.

⑥ 高小升，赵婷婷. 国外学者对全面从严治党的认知评析［J］. 当代世界与社会主义，2020（05）：193-199.

⑦ 姬德强，吕玉洁. 中国反腐的国际传播：困境与出路——基于对在华外国留学生的实证研究［J］. 对外传播，2016（12）：24-26.

⑧ 范红，冯嘉晨. 反腐败传播与国家形象塑造［J］. 对外传播，2015（08）：21-23.

⑨ 梁赛玉，马晓澄. 牢牢把握对外传播中的反腐话语权［J］. 对外传播，2014（06）：54-56.

⑩ 邓谨，丁倩，高小升. 海外学者对全面依法治国战略的认知评析［J］. 当代世界与社会主义，2016（05）：200-208.

⑪ 付正. 海外学者论改革开放以来中国政治的发展：基于《中国季刊》的考察［J］. 当代世界与社会主义，2020（03）：198-206.

⑫ 谢光远. 西方学者眼中改革开放以来中国政治的发展［J］. 国外理论动态，2018（09）：18-27.

⑬ 轩传树，于明. 新时代中国共产党全面从严治党思想与实践的世界反响［J］. 国外社会科学，2021（06）：4-19+156.

国特色社会主义思想研究：观点比较及其启示》[①]、耿化敏等的《英国学界习近平新时代中国特色社会主义思想研究的动态与评析》[②]、王峰的《海外新时代中国共产党纪检监察制度研究的回顾与思考》[③]、刘佳等的《海外中国共产党党内法规制度建设研究》[④]、陶季邑的《十九大以来海外研究新时代中国共产党党内法规建设的基本特点》[⑤]、高晓林等的《海外关于中国共产党治国理政智慧的认识与评析》[⑥]、韩强的《海外学者对改革开放以来中国共产党执政规律的研究评析》[⑦]、梅长青的《海外人士对中国共产党凝聚力的认知评析》[⑧]、周文华《海外视角下中国共产党的政治领导力》[⑨]。

总体而言，国内关于海外中国近年来反腐败与反腐败立法研究虽然数量不少，但依然存在以下几个方面的不足与问题。

首先，国内关于国外中国近年来反腐败与反腐败立法研究仍然以文献综述为主。虽然有一些学者从理论和实践的角度分析了国外中国近年来反腐败与反腐败立法研究存在的误区和偏差，并提出了一些关于如何看待和利用这些研究成果的建议，但深入研究的成果

---

① 焦佩. 海外习近平新时代中国特色社会主义思想研究：观点比较及其启示［J］. 探索，2020（01）：178-188+2.

② 耿化敏，罗健男. 英国学界习近平新时代中国特色社会主义思想研究的动态与评析［J］. 教学与研究，2021（02）：90-99.

③ 王峰. 海外新时代中国共产党纪检监察制度研究的回顾与思考［J］. 新视野，2021（05）：51-58.

④ 刘佳，韩强. 海外中国共产党党内法规制度建设研究［J］. 国外理论动态，2020（05）：162-169.

⑤ 陶季邑. 十九大以来海外研究新时代中国共产党党内法规建设的基本特点［J］. 武汉科技大学学报（社会科学版），2020，22（02）：158-163.

⑥ 高晓林，黄冰琼. 海外关于中国共产党治国理政智慧的认识与评析［J］. 当代中国史研究，2021，28（02）：17-31+156-157.

⑦ 韩强. 海外学者对改革开放以来中国共产党执政规律的研究评析［J］. 治理现代化研究，2019（02）：38-44.

⑧ 梅长青. 海外人士对中国共产党凝聚力的认知评析［J］. 当代中国史研究，2021，28（04）：20-33+156.

⑨ 周文华. 海外视角下中国共产党的政治领导力［J］. 国外社会科学，2021（02）：24-30.

相对有限。

其次，整体上仍然缺乏本土理论构建的研究，缺乏在中西方话语交锋上的实力与力度。

最后，研究的广度和深度也远远不够。目前研究的主要内容仍集中在国外学界如何介绍我国的反腐败措施、机构、特色；国外学界如何评价我国的反腐败立法进程；国外学界对我国目前的反腐败和立法成果持何种态度。

因此，我们有必要就国外学界对中国反腐败及反腐败立法展开进一步研究，补齐短板。

三、研究内容与研究方法

2013 年，习近平总书记在全国宣传思想工作会议上强调："要精心做好对外宣传工作，创新对外宣传方式，着力打造融通中外的新概念新范畴新表述，讲好中国故事，传播好中国声音。"中国在国际舞台上提供了一系列价值理念和公共产品，展示了负责任的大国形象，为解决腐败问题贡献了"中国智慧"和"中国方案"。

本书设定的"近年来"时间跨度为党的十八大以来的近十年。这样设定源于在这段时间内中国反腐败斗争规模之巨、持续时间之长。在这段时间里，中国反腐打下了许多"大老虎"和"小苍蝇"，数量之多在中国历史上乃至世界历史上都是罕见的。这体现了我国对"零容忍""全覆盖"反腐败原则的切实贯彻。在反腐败国家立法方面，中国特色的反腐败法律体系正有序推进，展现了法治反腐的中国特色与时代特点。

中国近年来在反腐败与反腐败立法方面取得的令世界瞩目的成就，引起了国际社会的广泛关注与评价。对于国外的认同、赞许的肯定评价、既褒又贬的稳健评价，以及带有恶意和抹黑的否定评价。无论是哪一种评价，“他见”都能帮助我们冷静、理性地总结和反思过去反腐败与反腐败立法的实践。

（一）主要内容

本书主要内容为绪论、正文和结论三部分。

绪论部分首先介绍了本书的研究缘起、研究背景和意义，对国内学术界相关研究现状进行了综述，提出了本书的主要框架、研究方法以及研究的难点和创新点。

第一章全面概述了党的十八大以来党领导人民在反腐败与反腐败立法方面取得的辉煌成就，总结了“打虎拍蝇”、党内法规制度建设、反腐败国家立法、反腐败国际合作、推进反腐败国际立法等几方面所取得的成绩；然后指出，这些令世界瞩目的成就引起了国际社会的关注，从国外政要到网民，无不在观察、分析与讨论，希望找到破解中国反腐败奇迹的密码。因此，国外对中国近年来反腐败与反腐败立法进行评价的热情高涨。

第二章至第七章，以国外政要、国际组织官员与各国外交使节、国外政党领袖、国外主流媒体、国外各界人士以及国际廉评机构等多维视角为切入点，审视世界对中国的不同看法，理性对待国外评价中的积极肯定、中肯质疑以及片面否定，并强调加强反腐败国际合作与立法的重要性。

第八章对国外评价进行再评价。首先，确立评价标准为国家利益决定论；其次，运用这一标准对质疑性评价的历史进行分析；最后，探讨国外评价背后的深层次因素。

第九章探讨国外评价与规范中国反腐败与反腐败立法的国际传播。首先，反思国外评价引发的问题，强调必须规范中国的国际传播；其次，分析中国反腐败与反腐败立法的国际传播现状；最后，针对目前国际传播现状存在的问题，提出完善的建议与对策。

第十章研究国外评价与争取国际社会对中国反腐败与反腐败立法认同。本章分六节突出认同策略：扩大对中国反腐败与反腐败立法方案的认同、改变叙事方式、与外媒合作定制推送中国的反腐败报道、积极宣讲中国的反腐败与反腐败立法的故事、着力培育舆论引导的国际力量、加强与国外学者的多层次学术交流。

第十一章研究国外评价与推进反腐败国际合作与立法的策略。本章分三个方面探讨：一是以习近平法治思想为根本遵循统筹反腐败与反腐败立法的国内与国际两个大局，二是一体推进反腐败国家立法，三是继续推进反腐败国际合作与立法。

结论总结了对中国近年来反腐败与反腐败立法的国外评价态度：认真对待国外评价的思考，依法加强中国国际传播能力建设的思考，确保反腐败国家立法具有中国特色。

（二）研究方法

本书以国外各界对我国反腐败及反腐败立法的评价为研究对象，从国外对我国反腐败及反腐败立法的多个维度评价入手，分析国外对我国反腐败及反腐败立法的态度，从中吸收对我国的有益建议。本书的研究内容涉及了法学、传播学、管理学等多学科的内容，运用了比较分析法、资料分析法、跨学科研究法等研究方法，主要体现在以下几个方面。

第一，比较分析法。比较分析法本身就是法学研究的重要方法之一，通过比较分析的方法，我们能更好地发现自身法律和制度的不足之处，更好地借鉴国外法律和制度的优点，也能更好地从国外对我国反腐败及反腐败立法的评价和建议中吸取有益成分。

第二，资料分析法。资料分析法是论文写作最基本的方法之一，任何文章都离不开资料的收集和整理。本书在 CNKI、国外各相关网站、Google 学术、Westlaw、EBSCO 等数据库对与本书有关的资料进行收集，并在收集分析的基础上对国外关于我国反腐败及反腐败立法的评价进行总结。

第三，跨学科研究法。本书所研究的问题涉及了不同学科的专业知识。在研究与反腐败及反腐败立法相关的问题时涉及了政治学和法学等学科知识，从跨学科研究视角在整合国外评价的基础上针对性地提出了完善建议。

第四，归纳分析法。本书运用归纳分析法，归纳了国外各界对中国反腐败及反腐败立法的评价，归纳了联合国和其他国际组织及国外代表性国家在反腐败工作中的有效体制机制和立法，也归纳了反腐败国际合作的传统和实践。

第五，历史研究法。本书运用历史研究法对国外一些代表性国家的反腐败立法工作进行了阐述。

第六，文献研究法。本书紧紧围绕相关专题，大量阅读、分析、整理党的十八大以来国外对中国反腐败与反腐败立法的论文、著作、媒体采访等文献资料，密切关注国外关于中国反腐败与反腐败立法的时政新闻的回应与反馈，及时掌握国外的最新动态，形成对国外关于中国近年来反腐败与反腐败立法的整体认识。

四、研究难点与创新之处

（一）研究难点

首先，在资料收集与研究分析层面存在两个方面的难点。一是关于国外对中国近年来反腐败与反腐败立法评价的外文资料难以完整搜集。二是国外的评价主体，不仅包括政要、官员、主流媒体、学者、廉评机构等，还包括网民等，因此在进行评价资料搜集、整理、研究时必须去粗取精，准确把握国际社会的整体评价具有较大难度。

其次，近年来国外的评价存在不同的立场，国外评价着眼的不同角度、价值，背后体现的是各种国家利益、意识形态、政治意图等。因此，全面把握国外评价中的各种信息、观点、逻辑之间的关系，也是研究的重点和难点。

最后，如何从学术角度澄清污名、回应质疑、争取认同，对推进中国反腐败与反腐败立法具有重要的价值与意义，同时也是研究的重点与难点。

（二）创新之处

首先，针对当前相关研究的不足之处，本书通过对国外关于中国近年来反腐败与反腐败立法的评价进行全面的收集、整理和系统评估，提供了一幅国际社会对中国近年来反腐败与反腐败立法评价的全景图。通过对国外评价的视角、方法、观点等进行跟踪研究，进而“借鉴、启发、促进”我们当前的反腐败与反腐败立法工作，不断提高科学化水平。同时，通过中外交流碰撞，传播正确的理论和信息，引导国际社会关于中国反腐败与反腐败立法的政治舆论，为反腐败国际合作与立法提供良好的国际环境。

其次，本书将为推进中国的反腐败与反腐败立法提供预判指导与理论支持。本书通过对国外评价的全面、深入、系统的研究，全方位了解中国的“外部形象”，不管是肯定性评价还是否定性评价，都有助于我们审视自身的不足，从而行稳致远，有助于完善我国的反腐败与反腐败立法工作的对外宣传机制与国际传播机制。

再次，掌握国外学者对中国近年来反腐败与反腐败立法的总体认知情况、评价，有助于理解产生认知偏差的原因，以便更有针对性地澄清、解释争议性观点。

最后，本书有助于多学科融合。运用多学科的方法与技术手段，使研究更具有科学性，更加有的放矢，从而也有助于提高“海外中国研究”的整体研究水平。

第一章　党的十八大以来中国反腐败与反腐败立法的发展历程及辉煌成就概览

2022 年 6 月 30 日，中共中央宣传部举行“中国这十年”系列主题新闻发布会，介绍坚持党的全面领导和全面从严治党有关情况。对于党的十八大以来反腐败斗争成果，发布会介绍：“党的十八大以来，在党中央坚强领导下，我们党敢于刀刃向内、敢于刮骨疗毒、敢于壮士断腕，始终保持惩治腐败高压态势，书写了人类反腐败斗争历史新篇章。”①

发布会的介绍，高屋建瓴，精准全面。本章基本上是按照发布会

---

① 发布会从六个方面进行介绍总结：一是构建起党全面领导的反腐败工作格局。党加强对反腐败工作全方位、全覆盖、全过程的领导，建立健全党中央统一领导、各级党委统筹指挥、纪委监委组织协调、职能部门高效协同、人民群众参与支持的反腐败工作体制机制。二是形成了一体推进不敢腐、不能腐、不想腐方针方略。党的十八大后，党中央提出构建不敢腐、不能腐、不想腐的有效机制。随着反腐败斗争不断深入发展，把一体推进不敢腐、不能腐、不想腐确立为反腐败斗争的基本方针、全面从严治党的重要方略。三是以零容忍态度惩治腐败。始终坚持严的主基调不动摇，坚决遏制增量、削减存量，腐败蔓延势头得到有力遏制，反腐败斗争取得压倒性胜利并全面巩固，进入到发现一起、查处一起的常态化阶段。四是扎紧防治腐败的制度笼子。形成了一整套比较完善的党内法规体系和反腐败法律体系，贯通执纪执法，增强制度刚性，确保各项法规制度落地生根、“长牙”“带电”。五是构筑拒腐防变的思想堤坝。坚持不懈用习近平新时代中国特色社会主义思想武装全党，推动形成全方位的党性教育链条，用理想信念强基固本，用优秀传统文化正心明德，着力做实廉洁教育，引导党员干部锤炼党性，夯实思想道德防线。六是加强对权力运行的制约和监督。深化纪检监察体制改革，实现党内监督全覆盖、对公职人员监察全覆盖。把发现问题、推动整改、深化改革、完善制度贯通起来，教育引导党员干部秉公用权、依法用权、廉洁用权、为民用权，习惯在受监督的环境中工作生活。参见：“中国这十年”系列主题新闻发布会介绍坚持党的全面领导和全面从严治党有关情况［J］. 中国纪检监察，2022（13）：14-15.

的思路对党的十八大以来反腐败与反腐败立法历程与辉煌成就进行概览。

一、党的十八大以来反腐败与反腐败立法的发展历程

（一）反腐败逻辑的转换与发展

党的十八大以来，党中央强力推进反腐败斗争的思路与之前有很大不同。

在十八大之前，反腐败重点围绕治本进行，即通过抓思想、抓世界观的方式深挖腐败问题的思想根源。①

十八大之后，党中央对反腐败有了一些新的理念、新的思想、新的认识，强调标本兼治，形成了一体推进不敢腐、不能腐、不想腐的方针方略，持续以零容忍态度惩治腐败；② “健全防止腐败滋生蔓延的体制机制，使严厉惩治、规范权力、教育引导协调联动，取得更多制度性成果和更大治理效能”。③

（二）反腐败与反腐败立法发展的历程

1. 从对反腐败形势变化的判断来看发展历程

2012 年 11 月 15 日，习近平总书记面对中外记者坚定地指出：

① 夫梓．十年反腐，不仅意在“捉害虫”［EB/OL］．（2022-10-22）［2023-01-13］．https://www.360kuai.com/pc/964ebb3de08aa7816?cota=3&kuai_so=1&sign=360_57c3bbd1&refer_scene=so_1.

② 谢雁冰，张素．（中国这十年）十年磨一剑，“数”解中国反腐［EB/OL］．（2022-06-30）［2023-01-13］．http://news.iqilu.com/china/gedi/2022/0630/5170001.shtml.

③ 王红茹．二十大特刊：反腐败斗争取得压倒性胜利［EB/OL］．（2022-10-28）［2023-01-13］．http://www.ceweekly.cn/2022/1028/398286.shtml.

“新形势下，我们党面临着许多严峻挑战，党内存在着许多亟待解决的问题。尤其是一些党员干部中发生的贪污腐败、脱离群众、形式主义、官僚主义等问题，必须下大气力解决。全党必须警醒起来。打铁还需自身硬。”

2015 年 1 月，十八届中央纪委五次全会指出，“反腐败斗争形势依然严峻复杂，主要是在实现不敢腐、不能腐、不想腐上还没有取得压倒性胜利”；2016 年 1 月，十八届中央纪委六次全会指出，“反腐败斗争压倒性态势正在形成”；2016 年 12 月，习近平总书记主持中央政治局会议，指出“反腐败斗争压倒性态势已经形成”；2017 年 10 月，党的十九大作出“反腐败斗争压倒性态势已经形成并巩固发展”的判断；2018 年 12 月 13 日，中央政治局会议对我国反腐败斗争形势作出重大判断——“反腐败斗争取得压倒性胜利”。

从“形势依然严峻复杂”到“压倒性态势正在形成”，再到“取得压倒性胜利”，党中央对反腐败形势作出的判断经历了实践和人民的检验。①

2022 年 1 月，党的百年华诞后首次中央纪委全会上，习近平总书记话语铿锵：“只要存在腐败问题产生的土壤和条件，腐败现象就不会根除，我们的反腐败斗争也就不可能停歇。”②

2. 从法治反腐的内涵来看发展历程

党的十八大以来，中国把法治作为治国理政的根本途径，努力把权力关进法律制度的笼子里。加快推进反腐败国家立法，完善惩治贪污贿赂犯罪法律法规；持续深化行政审批制度改革，坚决消除权力寻租空间；全面推进政务公开，加强执法监督；深化司法体制改革，优化司法职权配置；加强法治宣传教育，不断提高公民特别是国家公职

① 赵林，韩亚栋. 反腐败斗争取得压倒性胜利 怎么看，怎么干？[N]. 中国纪检监察报，2019-01-14.

② 孙少龙. 激荡清风正气 凝聚党心民心：党的十八大以来深入推进党风廉政建设和反腐败斗争述评 [EB/OL].（2022-09-06）[2023-01-15]. https：//cj. sina. com. cn/articles/view/2810373291/a782e4ab02002f853.

人员的法治观念。①

3. 从制度建设来看发展历程

以习近平同志为核心的党中央在十八大后作出的第一个重大决策就是制定颁发了改进作风的中央八项规定。中央八项规定改变了中国。

党的十八大以来，中央加大推进党风廉政建设和反腐败斗争的制度建设，努力把权力关进制度的笼子。党中央、国务院先后制定了一系列规章制度，出台了一系列法规条例。所有这些规章制度和法规条例，对进一步加强新时代党风廉政建设与反腐败斗争起到了极为重要的防范和治理作用。②

总之，新时代以来的反腐败与反腐败立法的伟大实践，具有里程碑意义。

这段时间是我们加强党风廉政建设与反腐败斗争的关键时期，也是书写人类反腐败与反腐败立法奇迹的时期，更是反腐败与反腐败立法催人奋进的时期。这段时间，我们引领着反腐败国际合作与反腐败立法，生动践行构建人类命运共同体理念。

下面的一组组精准数字、一项项创新制度、一个个历史“故事”，浓缩了新时代十年反腐败与反腐败立法的辉煌成就。

二、党的十八大以来反腐败与反腐败立法取得的辉煌成就

党的十八大以来，在以习近平同志为核心的党中央坚强领导下，我们党敢于刀刃向内、敢于刮骨疗毒、敢于壮士断腕，反腐败斗争力

① 雷晓路，张春友. 中国反腐成效经验获积极评价广泛认同［N］. 法制日报，2015-06-04.

② 韩振峰. 99 年中国共产党反腐历程及其经验启示［J］. 人民论坛，2020（19）：36-39.

度前所未有、成效有目共睹，形成了一体推进不敢腐、不能腐、不想腐的方针方略，成功走出依靠制度优势、法治优势反腐败之路。①

（一）“打虎”“拍蝇”成绩亮眼

2022年10月17日，党的二十大新闻中心举行第二场记者招待会。中央纪委副书记、国家监委副主任肖培在会上介绍了党的十八大以来党风廉政建设与反腐败斗争的有关情况。肖培说：“我们党依靠制度优势、法治优势，以‘恶竹应须斩万竿’的坚定意志，书写了反腐败斗争的历史新篇章。反腐败斗争十年磨一剑，一刻不停歇。我们党坚持有腐必反、有贪必肃，兑现了习近平总书记十八大后提出的‘不论什么人，不论其职务多高，只要触犯了党纪国法，都要受到严肃追究和严厉惩处，绝不是一句空话’的承诺。”

肖培重点介绍了十年来反腐败斗争的具体做法：第一，加强了党中央对反腐败工作的集中统一领导。中央纪委和改革后组建的国家监察委员会合署办公，实现了反腐败领导体制的重塑、组织机构的重塑、工作力量的重塑、责任体系的重塑、执纪执法机制的重塑。第二，腐败蔓延势头得到坚决遏制。第三，严厉整治群众身边的“蝇贪”。党的十八大以来，全国纪检监察机关总共查处涉及教育医疗、养老社保、执法司法等民生领域的腐败和作风问题65万多件，让群众切身感受到全面从严治党就在身边、正风肃纪反腐就在身边。人民群众满意度明显提高。②

的确，反腐败斗争自党的十八大以来一刻也不曾停歇。

据统计，党的十八大以来，全国纪检监察机关共立案464.8万余

① 瞿芃. 十年来反腐败斗争成效有目共睹：成功走出依靠制度优势、法治优势反腐败之路［N］. 中国纪检监察报，2022-10-16.

② 王红茹，孙冰. 二十大特刊：反腐败斗争取得压倒性胜利［EB/OL］.（2022-10-28）［2023-01-13］. http://www.ceweekly.cn/2022/1028/398286.shtml.

件，其中，立案审查调查中管干部553人，处分厅局级干部2.5万多人、县处级干部18.2万多人。反腐败斗争取得压倒性胜利并全面巩固。其中，中央纪委国家监委立案审查调查的553名中管干部当中，含十八届中央委员、中央候补委员49人，十八届中央纪委委员12人；十九届中央委员、中央候补委员12人，十九届中央纪委委员6人。全国纪检监察机关共立案审查调查各级“一把手”20.7万人。①

（二）党内法规制度建设走向体系化

党的十八大以来，以习近平同志为核心的党中央高度重视制度治党、依规治党，把加强党内法规制度建设作为全面从严治党的长远之策、根本之策，作为事关党长期执政、国家长治久安的重大战略任务，摆在突出位置部署推进，取得历史性成就。党内法规，成为“中国之治”的一个独特治理密码，成为彰显中国特色社会主义制度优势的一张金色名片。②

1. 党中央的科学决策与部署

党的十八大以来，党中央陆续作出了一系列关于加强党内法规制度建设的决策部署。

2012年11月，习近平总书记在十八届中共中央政治局第一次集体学习时，就明确提出了制度建设的目标任务：“要坚持以实践基础上的理论创新推动制度创新，坚持和完善现有制度，从实际出发，及时制定一些新的制度，构建系统完备、科学规范、运行有效的制度体系，使各方面制度更加成熟更加定型，为夺取中国特色社会主义新胜

① 王红茹，孙冰. 二十大特刊：反腐败斗争取得压倒性胜利［EB/OL］.（2022-10-28）［2023-01-13］. http：//www. ceweekly. cn/2022/1028/398286. shtml.

② 中共中央办公厅法规局. 开辟新时代依规治党新境界：党的十八大以来党内法规制度建设成就综述［N］. 人民日报，2021-06-17（01）.

利提供更加有效的制度保障。”①

2013 年 11 月，党的十八届三中全会提出，紧紧围绕提高科学执政、民主执政、依法执政水平深化党的建设制度改革。

2014 年 10 月，党的十八届四中全会把形成完善的党内法规体系确立为建设中国特色社会主义法治体系的重要内容，对加强党内法规制度建设作出明确部署。

2015 年 10 月，党的十八届五中全会强调，运用法治思维和法治方式推动发展，全面提高党依据宪法法律治国理政、依据党内法规管党治党的能力和水平。

2016 年 12 月，党的历史上第一次全国党内法规工作会议召开，会议深入贯彻落实党中央决策部署和习近平总书记关于党内法规制度建设重要指示精神。

2017 年 10 月，党的十九大明确提出，坚持依法治国和依规治党有机统一，加快形成覆盖党的领导和党的建设各方面的党内法规制度体系。

2019 年 10 月，党的十九届四中全会强调，健全总揽全局、协调各方的党的领导制度体系，加快形成完善的党内法规体系。

2020 年 11 月，中央全面依法治国工作会议强调，坚持党对全面依法治国的领导，健全党领导全面依法治国的制度和工作机制，建设中国特色社会主义法治体系，形成完善的党内法规体系。

2021 年 11 月，党的十九届六中全会提出，党坚持依规治党，严格遵守党章，形成比较完善的党内法规体系，严格制度执行，党的建设科学化、制度化、规范化水平明显提高。

2021 年 12 月，第二次全国党内法规工作会议召开，会前习近平总书记就进一步加强党内法规制度建设作出新的重要指示，强调要

① 中共中央办公厅法规局. 开辟新时代依规治党新境界：党的十八大以来党内法规制度建设成就综述［N］. 人民日报，2021-06-17（01）.

增强依规治党的自觉性和坚定性，紧紧围绕党和国家工作大局继续推进党内法规制度建设。①

党的十八大以来，党内法规制度建设推进力度之大、建章立制之多、执规执纪之严、社会反响之好，在中国共产党百年制度建设史上前所未有，谱写了新时代党内法规制度建设的大美乐章。②

2. 加强顶层设计和统筹规划

2013 年 11 月，党中央发布《中央党内法规制定工作五年规划纲要（2013—2017 年）》，这在我们党的历史上是第一次。

2016 年 12 月，《中共中央关于加强党内法规制度建设的意见》出台，该意见确定了党内法规制度体系“1+4”基本框架，即在党章之下分为党的组织法规制度、党的领导法规制度、党的自身建设法规制度、党的监督保障法规制度四大板块。

2018 年 2 月，党中央发布《中央党内法规制定工作第二个五年规划（2018—2022 年）》，进一步明确了形成较完善的党内法规制度体系的任务书、路线图、时间表。

3. 党内法规制度建设取得成效之显著前所未有

党的十九大通过《中国共产党章程（修正案）》，把党的十八大以来管党治党、执政治国的重大理论创新、实践创新、制度创新成果写入党章，特别是将习近平新时代中国特色社会主义思想确立为党的指导思想。

关于党的组织法规，党的十八大以来，国家制定修订《中国共产党中央委员会工作条例》《中国共产党地方委员会工作条例》《中国共产党纪律检查委员会工作条例》等党的组织体系方面的法规；制定修订《中国共产党地方组织选举工作条例》等党内选举方面的

① 刘一霖. 法规建设这十年：开辟新时代依规治党新境界［N］. 中国纪检监察报，2022-10-12.

② 中共中央办公厅法规局. 开辟新时代依规治党新境界：党的十八大以来党内法规制度建设成就综述［N］. 人民日报，2021-06-17（01）.

法规；制定《中国共产党组织工作条例》等党的组织工作方面的法规；制定《中国共产党党徽党旗条例》等党的象征标志方面的法规。

关于党的领导法规，党的十八大以来，推出《中国共产党统一战线工作条例》《中国共产党政法工作条例》《中国共产党宣传工作条例》《军队政治工作条例》等一系列基础主干党内法规。

关于党的自身建设法规，党的十八大以来，党中央出台《关于新形势下党内政治生活的若干准则》、《中国共产党廉洁自律准则》、中央八项规定及其实施细则、《党委（党组）落实全面从严治党主体责任规定》等一批重要党内法规。

关于党的监督保障法规，党的十八大以来，党中央修订《中国共产党党内监督条例》，修订《中国共产党巡视工作条例》，制定《中国共产党纪律检查机关监督执纪工作规则》《纪检监察机关处理检举控告工作规则》等，制定修订《中国共产党问责条例》《中国共产党纪律处分条例》，印发《中国共产党党员权利保障条例》《中国共产党党务公开条例（试行）》等，形成了一整套比较完善的党的监督保障法规体系。

截至 2022 年 6 月，全党现行党内法规共 3718 部。其中，党中央制定的中央党内法规 221 部，中央纪委以及党中央有关部门制定的部委党内法规 170 部，省、自治区、直辖市党委制定的地方党内法规 3327 部。党内法规制度建设推进力度之大、取得成效之显著前所未有。①

（三）不断推进反腐败国家立法

党的十八大以来，围绕反腐败国家立法，中国制定了监察法及与之配套的公职人员政务处分法、监察官法、监察法实施条例，修改了

① 刘一霖. 法规建设这十年：开辟新时代依规治党新境界［N］. 中国纪检监察报，2022-10-12.

刑法、刑事诉讼法，形成了一整套比较完善的反腐败法律体系。[①]

1. 党中央的科学决策与部署

党的十八大以来，习近平总书记多次指出，要善于用法治思维和法治方式反对腐败，加强反腐败国家立法。

十八届中央纪委二次全会上，习近平总书记就提出，要善于用法治思维和法治方式反对腐败，加强反腐败国家立法，加强反腐倡廉党内法规制度建设，让法律制度刚性运行。

党的十八届四中全会提出，“加快推进反腐败国家立法，完善惩治和预防腐败体系，形成不敢腐、不能腐、不想腐的有效机制，坚决遏制和预防腐败现象”。

党的十九大报告指出，“深化国家监察体制改革，将试点工作在全国推开，组建国家、省、市、县监察委员会，同党的纪律检查机关合署办公，实现对所有行使公权力的公职人员监察全覆盖。制定国家监察法，依法赋予监察委员会职责权限和调查手段，用留置取代‘两规’措施”。[②]

2. 反腐败国家立法不断得到加强

2018 年 3 月，十三届全国人大一次会议表决通过《中华人民共和国宪法修正案》，在“国家机构”一章中专门增写“监察委员会”一节，确立了监察委员会作为国家机构的法律地位。

十三届全国人大一次会议还表决通过了《中华人民共和国监察法》。监察法是一部对国家监察工作起统领性和基础性作用的法律。监察法规定了总则、监察机关及其职责、监察范围和管辖、监察权限、监察程序、反腐败国际合作、对监察机关和监察人员的监督、法

---

① 瞿芃. 十年来反腐败斗争成效有目共睹：成功走出依靠制度优势、法治优势反腐败之路［N］. 中国纪检监察报，2022-10-16.

② 刘一霖. 法规建设这十年：加强国家立法 反腐败法律体系不断完善［N］. 中国纪检监察报，2022-06-22.

律责任等内容，健全了党统一领导、全面覆盖、权威高效的监督体系，标志着国家监察体制改革进入了全新的阶段。

2020 年 6 月 20 日，十三届全国人大常委会第十九次会议表决通过了《中华人民共和国公职人员政务处分法》。作为新中国成立以来第一部全面系统规范公职人员政务处分工作的国家法律，它将国家监察体制改革提出的实现对所有行使公权力的公职人员监察全覆盖的要求进一步具体化。

2021 年 8 月 20 日，十三届全国人大常委会第三十次会议表决通过了《中华人民共和国监察官法》。这是继监察法、公职人员政务处分法之后，又一部关于深化国家监察体制改革的立法，为建设高素质专业化监察官队伍提供了法律保障。

经党中央批准，2021 年 9 月 20 日，国家监察委员会第 1 号公告公布了《中华人民共和国监察法实施条例》。这是国家监委根据全国人大常委会授权决定制定的第一部监察法规。

党的十八大以来，我国还修改了刑法，进一步完善贪污受贿犯罪的定罪量刑标准，加大了对行贿犯罪的处罚力度。此外，我国还修改了刑事诉讼法，完善与监察法的衔接机制。2018 年 10 月 26 日，十三届全国人大常委会第六次会议表决通过了关于修改刑事诉讼法的决定。修改后的刑事诉讼法第五编增加“缺席审判程序”一章，填补了反腐败国际追逃追赃的法律空白。

通过反腐败国家立法，改革成果实现了法治化。

不断完善的反腐败国家立法，为新时代继续坚定不移全面从严治党和全面依法治国提供了重要保障。①

① 刘一霖. 法规建设这十年：加强国家立法 反腐败法律体系不断完善［N］. 中国纪检监察报，2022-06-22.

（四）全方位推进反腐败国际合作的成就显著

党的十八大以来，在以习近平同志为核心的党中央坚强领导下，反腐败国际合作在理论创新、机制建设、实践探索、全球治理等各个层面取得重要突破，对内推动惩治腐败形成有效“闭环”，极大提振党心民心，对外成为构建人类命运共同体的重要内容，牢牢占据国际道义制高点。[①]

党的十八大以来，我国不断深化反腐败国际合作，在多边国际舞台上发出“中国声音”，积极推动构建国际反腐新秩序。

中国积极参与联合国、亚太经合组织、二十国集团等多边机制下的反腐败磋商，提出反腐败国际合作“四项主张”，举办廉洁丝绸之路分论坛、金砖国家首次反腐败部长级会议，发起并促成通过《北京反腐败宣言》《二十国集团反腐败追逃追赃高级原则》《廉洁丝绸之路北京倡议》《金砖国家拒绝腐败避风港倡议》，缔结引渡条约 10 项、刑事司法协助条约 5 项，国家监委与 9 个国家签署合作谅解备忘录，[②] 2019 年 10 月国家监委首次与联合国签署反腐败合作谅解备忘录……我国在反腐败领域的国际话语权和规则制定权不断增强，国际影响力、感召力、塑造力不断提升。

中国充分发挥《联合国反腐败公约》主渠道作用，积极参与全球反腐败执法合作网络建设，做好我国接受公约履约审议工作。积极开展反腐败经验交流与互学互鉴，加快推进双边交流机制化建设，继续面向广大亚非拉国家办好反腐败研修班，构建全球反腐败伙伴关

---

① 中央纪委国家监委国际合作局. 在百年变局中开创反腐败国际合作新局面［J］. 中国纪检监察，2022（05）：46-47.

② 齐心协力 坚决斗争 追逃追赃“天网”愈织愈密：党的十九大以来反腐败国际合作综述［EB/OL］.（2022-09-06）［2023-01-14］. http：//politics. people. com. cn/BIG5/n1/2022/0906/c1001-32520856. html.

系网络。加强反腐败领域国际传播，积极宣介中国反腐败理念、道路和主张，对外讲好追逃追赃故事、廉洁丝路故事、脱贫和抗疫监督故事等，对个别西方国家奉行双重标准、恶意污蔑抹黑予以坚决驳斥，为全面从严治党营造有利的外部环境。①

中国的这一系列行动举措有效提升了反腐败国际合作的科学性和公平性，让更多国家和地区参与到反腐败国际合作议程中来，有力推动了《联合国反腐败公约》在世界范围内的实践和履行。②

党的十八大以来，在百年未有之大变局的艰难环境中，中国的反腐败国际合作之所以能在国际风云激荡中砥砺前行并取得系列重要成果，根本在于以习近平同志为核心的党中央坚强领导，在于习近平新时代中国特色社会主义思想科学指引。③

（五）推进反腐败国际立法的成绩傲人

党的十八大以来，中国在双边、多边交流合作中积极发声，发挥引领作用，推动建立国际反腐败新秩序。无论是推动制定亚太经济合作组织（APEC）《北京反腐败宣言》和《二十国集团反腐败追逃追赃高级原则》，还是在华设立二十国集团（G20）反腐败追逃追赃研究中心，共同举办中国—东盟反腐败研讨班等，促成发表《中国—东盟全面加强反腐败有效合作联合声明》，发起并促成通过《廉洁丝绸之路北京倡议》《金砖国家拒绝腐败避风港倡议》等，都是习近平总书记提出打造人类命运共同体的国际实践创新，成为全球治理中

---

① 中央纪委国家监委国际合作局．在百年变局中开创反腐败国际合作新局面［J］．中国纪检监察，2022（05）：46-47.

② 刘琳，宋伟．引领反腐败国际合作的中国实践［J］．人民论坛，2022（14）：58-60.

③ 中央纪委国家监委国际合作局．在百年变局中开创反腐败国际合作新局面［J］．中国纪检监察，2022（05）：46-47.

国方案的重要组成部分。①

2014 年，APEC 第 26 届部长级会议通过《北京反腐败宣言》，成立反腐执法合作网络，搭建追逃追赃合作平台。

2016 年，G20 杭州峰会通过《二十国集团反腐败追逃追赃高级原则》《二十国集团 2017—2018 年反腐败行动计划》等重要反腐败成果文件，并在华设立 G20 反腐败追逃追赃研究中心。

2017 年 11 月 13 日，第 20 次中国—东盟领导人会议发表了《中国—东盟全面加强反腐败有效合作联合声明》，为“10+1”框架下，中国和东盟各国加强反腐败合作提供了重要依据。联合声明开启了本地区携手治理腐败的新篇章。

2017 年 5 月，习近平主席在首届“一带一路”国际合作高峰论坛上指出，要加强国际反腐合作，让“一带一路”成为廉洁之路。这为“一带一路”建设指明了前进方向。事实上，廉洁不仅是“一带一路”建设的重要基础，也是“一带一路”稳健发展的必需条件，更是“一带一路”行稳致远的压舱石。②

2019 年 4 月，第二届“一带一路”国际合作高峰论坛圆桌峰会联合公报纳入包括“开放、绿色、廉洁”在内的高质量共建“一带一路”理念。在廉洁丝绸之路分论坛上，中国与有关国家、国际组织以及工商学术界代表共同发起了《廉洁丝绸之路北京倡议》，呼吁各方携手共商、共建、共享廉洁丝绸之路，持续为“一带一路”建设保驾护航。向世界阐明将廉洁作为“一带一路”建设的核心理念，向全球展示中国推进反腐败国际合作的愿景。③

2022 年，金砖国家领导人第十四次会晤通过了《金砖国家拒绝腐败避风港倡议》，为加强打击跨境腐败提供了行动方向，提出了明

① 闫鸣. 反腐败国际合作“朋友圈”又大了！[N]. 中国纪检监察报，2017-11-14.

② 刘琳，宋伟. 引领反腐败国际合作的中国实践 [J]. 人民论坛，2022 (14)：58-60.

③ 刘琳，宋伟. 引领反腐败国际合作的中国实践 [J]. 人民论坛，2022 (14)：58-60.

确的战略和目标。

总之，党的十八大以来，在以习近平同志为核心的党中央的坚强领导下，中国积极推动国际追逃追赃务实合作，不断增强国际话语权和规则制定权，充分展现领导力和影响力。特别是在习近平主席提出“金砖+”合作理念后，金砖国家积极同有关国际组织开展反腐败领域的对话交流，不断提升反腐败国际治理体系的公平性、有效性、包容性。金砖国家反腐败合作起到了良好的示范效应，向国际社会展现了反腐败国际合作的广阔前景，[①] 也向国际社会展现了制定反腐败国际规则的广阔前景。中国在引领反腐败国际立法道路上的步伐越来越稳健。

① 李晓阳. 金砖国家首次反腐败部长级会议：为全球反腐败治理贡献金砖力量［J］. 中国纪检监察，2022（14）：22-23.

第二章　国外政要对中国反腐败及反腐败立法评价概览

作为推动反腐败国际合作与立法的重要决策者，国外政要对中国近年来反腐败与反腐败立法的评价具有一定影响力，对反腐败国际合作与立法的发展方向也产生一定影响。本章将从国外政要发表的肯定性与否定性评价两个维度进行概览，以了解中国反腐败与反腐败立法在国外政要眼中的"形象"。

一、肯定性评价

党的十八大以来，以习近平同志为核心的党中央把党风廉政建设和反腐败斗争提到新高度，作出一系列重大决策部署。近年来，党和国家坚持以零容忍态度惩治腐败，特别是在运用法治思维和法治方式反对腐败方面，取得新的进展和明显成效，赢得了国外政要的高度评价。现择要枚举如下：

1. 法国政要的评价

法国前总统德斯坦就中国近年反腐败举措表示，"抑制腐败，首先需要有独立和有效的司法体制，这方面中法之间可以开展合作"。①

法国前总理多米尼克·德维尔潘在 2015 年接受新华网记者采访

① 十八大以后外国媒体看中国系列报道［EB/OL］.（2022-10-22）［2023-02-14］. https：//www. ccdi. gov. cn/lswhn/hwgc/201307/t20130724_ 27828. html.

时表示，中国政府在反腐败问题上所展现出的远见和决心给他留下深刻印象。①

2. 南非政要的评价

南非前总统塔博·姆贝基盛赞中国人民是预防腐败、监督腐败的重要力量。他表示，中国目前正在开展的反腐败工作是很多国家都需要学习的。腐败问题在很多非洲国家都存在，非常有必要从中国借鉴经验。②

3. 美国政要的评价

美国前总统克林顿表示：习近平主席是非常棒的领导人，尤其是在反腐败问题上，需要给他鼓鼓掌，他实在是做得特别好。③

美国前国务卿基辛格 2012 年 11 月 11 日接受新华社记者的专访，谈到党的十八大报告中提及的反腐败问题时，基辛格认为，“在一个国家从低水平到高水平的发展过程中，腐败问题几乎在任何一个社会都难以避免。但是，中国领导层已经意识到了这个问题的严重性，并下决心要加以解决”。他表示，“从我与中国历届领导人的交往中看出，他们都能言出必行，所以这一次我也充满信心”。④

2012 年 11 月，基辛格接受美国《华尔街日报》采访，在论及习近平的反腐决心时表示：“习近平对腐败问题的认识非常深刻，他是一位强有力的领导人，有能力挑战腐败问题。”⑤

---

① 外国前政要眼中的习近平［EB/OL］.（2015-07-07）［2023-02-15］. http：//news. xinhuanet. com/world/2015-07/07/c_ 127994679. htm.

② 崔小粟. 2015 中国共产党与世界对话会：探讨从严治党里的“中国智慧”［EB/OL］.（2015-09-11）［2023-02-11］. http：//fanfu. people. com. cn/n/2015/0911/c64371-27572085. html.

③ 郭河驹. 中国反腐败赢得国际社会积极评价［J］. 中国纪检监察，2015（1）：56-57.

④ 曾虎，牛海荣. “我相信中国会继续前行”：访美国前国务卿基辛格［EB/OL］.（2012-11-11）［2023-02-12］. http：//news. xinhuanet. com/politics/2012-11/11/c_ 113660016. htm.

⑤ 朱禁敳，朱梓烨. 基辛格眼中的中国领导人：“中国历代领导人都是不同凡响的人物”［EB/OL］.（2013-07-19）［2023-02-01］. http：//theory. people. com. cn/n/2013/0719/c40531-22255141. html.

在 2013 年访华期间，基辛格对习近平主席的坚定意志和勇气印象深刻，他认为“新一届领导集体提出的一系列改革举措虽然不会一帆风顺，但他有克服这些困难并领导中国向前发展的坚强意志和能力”。①

美国财政部原部长亨利·鲍尔森在反腐纪录片《永远在路上》中表示，“对于一个国家来说，没有什么是比腐败更为严重的损失和隐患，习近平主席的反腐败举措值得赞赏”。②

时任美国国务院反腐败事务协调人戴维·鲁纳从中国积极开展反腐败国际合作的角度认为“作为主席国，中国做了充分精心的准备和严谨有序的组织。会议所取得的成果，将有效加强亚太地区在追逃追赃、打击商业贿赂、反腐败等方面的合作”。③

在 2014 年世界银行发布的研究报告中，美国联邦储备委员会主席保罗·沃尔克称赞“中国应对腐败问题的举措是积极的，令人鼓舞”。④

4. 博茨瓦纳政要的评价

博茨瓦纳前总统费斯图斯·莫哈埃在 2015 中国共产党与世界对话会期间表示，世界各国普遍存在腐败的问题，应该积极地参与反腐败的国际合作，反腐败是执政党的重要使命，中国共产党以及中国政府有决心、意愿治理腐败问题，并且对于腐败问题能够坦然承认并下决心解决，表现出中国共产党和中国政府反腐败的坚定决心；中国共产党宣誓其反腐败的决心是非常重要的；“中国共产党反腐不仅体现

① 中国前国家主席江泽民会见美国前国务卿基辛格［EB/OL］.（2017-04-05）［2023-02-22］. http：//www. gov. cn/gzdt/2013-07/22/content_ 2452765. htm.

② 参见中央纪委国家监委网站大型电视专题片《永远在路上》，网址为 http：//v. ccdi. gov. cn/yyzls2016/index. shtml.

③ 杨诗琪. 深化反腐国际合作，阻断贪官外逃之路：亚太经合组织反腐败系列会议侧记［N］. 中国纪检监察报，2014-08-20.

④ The World Bank Group Integrity Vice Presidency. Fiscal year 2014：15 years of fighting corruption. http：//www. worldbank. org/integrity，2014.

了中央领导的意志，而且表现了全党领导、全国干部群众上下一心。”[①] 对于中国“老虎”“苍蝇”一起打的反腐败模式，他表示，“与其他国家不同，中国共产党是老虎苍蝇一起打，没有人可以逃脱党纪国法的制裁”。[②]

莫哈埃评价道，“中国在反腐的过程中公平、公正、公开，动员全党的力量来反腐，并且肯定了鼓励民众都站出来揭露腐败的现象”。[③]

5. 莫桑比克政要的评价

莫桑比克前总统阿曼多·格布扎从中国共产党推进全面从严治党以及反腐败制度化建设方面进行评价，“在反腐败的问题上需要开展国际合作，使得贪腐人员无处可逃”“中国共产党在多层次采取反腐败的行动是一个正确决策”“在中国共产党的领导下，全体党员干部和群众都能够被动员起来反对腐败。中国共产党对于反腐败问题做到了有腐必反和知行统一，中国需要建设一个健全的执政党和政府内部的反腐败机制，对于腐败案件相关人员依法予以起诉”。[④]

6. 澳大利亚政要的评价

2015 年，澳大利亚前总理陆克文接受记者关于中国反腐败问题的采访时表示，中国的反腐运动涉及中国国有企业的高管、中国军队以及中国共产党的高级领导干部，兑现了习近平‘老虎苍蝇一起打’的反腐败誓言，“中国的反腐败斗争扩展到境外追逃追赃，致使澳门赌场的利润和奢侈品的销量骤然下降”“中国近年的反腐败斗争规模

---

① 崔小粟. 博茨瓦纳前总统称赞中国反腐决心大：全国上下一心［EB/OL］.（2015-09-10）［2023-03-14］. http：//fanfu. people. com. cn/n/2015/0910/c64371-27567022. html.

② 崔小粟. 2015 中国共产党与世界对话会：探讨从严治党里的“中国智慧”［EB/OL］.（2015-09-11）［2023-02-20］. http：//fanfu. people. com. cn/n/2015/0911/c64371-27572085. html.

③ 王岐山对话国外政要学者：中国反腐为什么行［N］. 人民日报，2015-09-11.

④ 崔小粟. 2015 中国共产党与世界对话会：探讨从严治党里的“中国智慧”［EB/OL］.（2015-09-11）［2023-02-20］. http：//fanfu. people. com. cn/n/2015/0911/c64371-27572085. html.

大且激烈、全面且长久，令人吃惊的是，中国的反腐败工作真正是自上至下，席卷全国”。他指出，“中国的大规模反腐败斗争一时不会结束”“中国现在正致力于把反腐败问题改革为国家和执政党的常态化反腐败机制”，“中国共产党的反腐败及反腐败立法目的是进行‘法治’改革和经济改革，中国贯彻反腐败以及经济改革的政治和政策决心不会缩减”。①

陆克文表示：“各个国家有他们自己的政治系统，所以在十八大之后，我注意到了习近平主席所强调的反腐败方面的措施。众所周知，没有中央领导人或者是中央政府安排好有关的政策，安排好有关的措施，从这个上边来讲我们没有办法（惩治好腐败），所以中国进展不少。但是我也看了许多中央领导人说，‘未来的挑战仍然存在’，所以反腐败是一个过程，也是一个永远的过程，不仅是在中国，而且在各个国家都是。你看看各个国家的历史，都有类似的挑战。当然我们（澳大利亚）的政治系统是西方来的，也是英国来的，英国在腐败方面的历史也有很大的一些问题，慢慢地在解决。到现在为止，你们（中国）采取的措施是有效的。现在中国共产党特别重视反腐败，就是实时解决好一个已经存在的一个问题，全世界各个党派都有类似的挑战。你们党员这么多，是 8000 万，澳大利亚全国人口是 2400 万，所以你们党员比我们全国人口都多。这么大规模的一个党派，你们能够控制，或者能够管理，党的管理是非常复杂的一件事。但是到现在为止，总体来讲，中国故事不错，进展不错，又催生了经济方面的进展，是独一无二的。”② 他还特别指出，在十八大之后，习近平主席等中国领导人或者政府注重反腐败相关制度建设。

7. 俄罗斯政要的评价

时任俄罗斯总理梅德韦杰夫在 2013 年接受新华网在线访谈时表

① 莱斯利·夏费尔. 陆克文称中国反腐规模惊人［N］. 环球时报，2015-03-12.

② 老外眼中的中国反腐：中国在解决一个全球性问题［EB/OL］.（2015-09-23）［2023-02-01］. http：//fanfu. people. com. cn/n/2015/0923/c64371-27622300. html.

示，中国采取的反腐败措施非常强硬，也会取得显著的效果，俄罗斯会详细研究中国的反腐工作经验。①

时任俄罗斯副总理德米特里·罗格津表示，“中国对腐败分子的处理很严厉，但中国反腐败工作的做法也赢得了国际社会的认可”。②

时任俄罗斯总统办公厅官员埃琳娜·波多尔科从中国法治反腐治理模式角度表示，“中国的反腐败工作走出了自己的特色和道路，中国反腐败及反腐败立法取得的成效有目共睹”。③

时任俄罗斯总统办公厅反腐败问题管理局局长奥列格·普洛霍伊认为，“中国提出的‘老虎苍蝇一起打’的理念和做法得到俄方认同，中国的反腐败经验值得俄罗斯借鉴”。④

时任俄罗斯议会上院立法和国家建设委员会第一副主席阿列克谢·亚历山德罗夫认为，中国提出的“打苍蝇和打老虎”非常形象，其中，“苍蝇”可能是指一般官员，而“老虎”一定是影响力和破坏力更大的人。亚历山德罗夫强调，目前世界腐败问题日趋严重，只有坚持在法律面前人人平等，才能保证国家持续稳定、社会健康发展。⑤

8. 新西兰政要的评价

时任新西兰严重欺诈办公室金融市场与公司欺诈部副主管瑞贝卡·罗尔斯评价中国反腐败工作时表示，“中国对腐败采取零容忍态度，承担大国应有的责任，为亚太经合组织其他国家树立了典型”。⑥

她认为中国为其他经济体树立了榜样。中国人口众多，是一个人

---

① 新华网. 梅德韦杰夫：中国反腐措施非常强硬，会带来一定效果［EB/OL］.（2013-10-22）［2023-02-09］. http：//news. xinhuanet. com/world/2013-10/22/c_ 125580130. htm.

② 参见中央纪委国家监委网站大型电视专题片《永远在路上》，网址为 http：//v. ccdi. gov. cn/yyzls2016/index. shtml.

③ 莱斯利·夏费尔. 陆克文称中国反腐规模惊人［N］. 环球时报，2015-03-12.

④ 雷晓路，张春友. 中国反腐成效经验获积极评价广泛认同［N］. 法制日报，2015-06-04.

⑤ 雷晓路，张春友. 中国反腐成效经验获积极评价广泛认同［N］. 法制日报，2015-06-04.

⑥ 杨诗琪. 深化反腐国际合作，阻断贪官外逃之路：亚太经合组织反腐败系列会议侧记［N］. 中国纪检监察报，2014-08-20.

情社会，有效打击腐败面临很大挑战。但是作为大国，中国在司法和执法方面做了大量工作，对腐败采取零容忍态度，为其他经济体树立了榜样。中新关系友好，是自由贸易伙伴，互动频繁，新西兰希望进一步发展与中国的良好合作关系。今后，可以通过在使馆设立的执法合作官员、国际刑警组织等途径，加强在反腐败追逃追赃方面的务实合作。①

9. 新加坡政要的评价

时任新加坡贪污调查局公共政策、私营领域、金融机构调查部门副主任文森特·李表示，“毫无疑问，中国正走在反腐的正确道路上。希望中国的反腐败能够继续取得成效，这不仅有利于中国自身，也有利于国际间的反腐合作”。②

新加坡前国会议员吴俊刚在《联合早报》发文表示，“虽然中国早就开始惩治腐败，但一直到中共十八大之后，中国严厉反腐的系列举措才真正开始实施，展现了习近平作为新一届领导人的执政魄力”“习近平反腐败的政治决心和迄今为止中国反腐败及反腐败立法取得的成效是不容置疑的”。③

10. 巴基斯坦政要的评价

2018 年 3 月 20 日，十三届全国人大一次会议表决通过了《中华人民共和国监察法》，标志着中国监察体制改革取得重大成果。

时任巴基斯坦中国委员会执行主任菲扎尔·拉赫曼表示：“这将有助于巩固当前已经取得的反腐败成果。”这意味着未来中国将实现对所有行使公权力的公职人员的监察全覆盖，不论是谁，没有人能够滥用职权、以权谋私。国家监察体系的构建，使得中国的反腐败机制

① 境外代表积极评价中国反腐败成就［EB/OL］.（2017-05-31）［2023-02-27］. https://zgjjjc.ccdi.gov.cn/bqml/bqxx/201705/t20170531_100190.html.

② 瞿芃. “打‘虎’拍‘蝇’得到国际社会广泛认同”：中国—东盟反腐败研讨班外方代表“点赞”中国反腐实践［N］. 中国纪检监察报，2016-11-04.

③ 吴俊刚. 惊心动魄的中国反腐运动［N］. 联合早报，2017-01-11.

更加科学完善。①

“中国的反腐经验对于‘一带一路’沿线国家有着重要的启发意义。”拉赫曼说，“‘一带一路’沿线国家众多，如果各国能够学习中国的反腐败经验改善国家治理状况，将有助于‘一带一路’建设各项工作的顺利推进。中国坚持开展反腐败工作，并分享成功经验，将为世界反腐败事业作出更大贡献。”②

11. 秘鲁政要的评价

在亚太经合组织反腐败系列会议上，时任秘鲁内阁反腐败委员会总协调人苏珊娜·席尔瓦指出：“秘鲁代表团非常高兴参加此次会议。会议组织工作做得非常好。我们对各国代表的发言非常感兴趣，也很高兴能够聆听其他经济体在反腐败方面的成熟经验。这次会议为参会各方提供了一个相互学习的良好机会。黄树贤先生在发言中传递出中国打击腐败的坚定决心，我对此印象深刻。我认为这对中国非常重要。因为对世界上任何国家而言，要有效打击腐败，决心和行动缺一不可。”③

12. 泰国政要的评价

“泰国将从中国发展道路中得到启示。”时任泰国副总理威萨努说，“泰国与中国是相互信赖的贸易对象和伙伴，泰国正在发展、改革，需要向中国学习治国理政经验，不仅在国家发展战略上，也包括打击腐败、解决贫困等方面。无论是在推进改革开放，还是在打击腐败上，中国政府都意志坚定、强力推进，所作出的重大决策一向说到

① 侯露露，于洋，张朋辉，等．“中国反腐道路上的里程碑”：国际人士积极评价中国全国人大通过国家监察法［N］．人民日报，2018-03-21.

② 侯露露，于洋，张朋辉，等．“中国反腐道路上的里程碑”：国际人士积极评价中国全国人大通过国家监察法［N］．人民日报，2018-03-21.

③ 境外代表积极评价中国反腐败成就［EB/OL］．（2017-05-31）［2023-02-27］．https：//zgjjjc. ccdi. gov. cn/bqml/bqxx/201705/t20170531_ 100190. html.

做到，这对其他国家治国理政有着很好的启迪作用。”①

时任泰国反腐败委员会副秘书长娜茶·革喜丽表示，“中国在反腐败方面的政策和措施都很有效，我们会努力加强与中国的合作，共同打击腐败，为可持续发展提供保障”。②

13. 意大利政要的评价

意大利前总理马西莫·达莱马从中共领导人对反腐败问题的透明公开方面认为，“王岐山是一个非常坦诚的人，涉及中共在反腐败方面遇到哪些阻力、哪些问题时都能够公开交流，不会隐瞒真实的情况”。③

14. 蒙古国政要的评价

蒙古国自然环境旅游部前部长朝格特巴塔尔在接受采访时也表示，中共的反腐败不是运动式的，中国的反腐败是机制建设，中国的反腐败斗争没有终点。④

15. 加拿大政要的评价

时任加拿大加中立法协会主席胡子修 2014 年率团访问中国，后撰写报告表示，“习近平在中国反腐败斗争中扮演着重要的角色，2014 年中国改革的主题是依法治国”。⑤

16. 马来西亚政要的评价

在 2016 年中国—东盟反腐败研讨班举办期间，时任马来西亚反

① 侯露露，于洋，张朋辉，等．“中国反腐道路上的里程碑”：国际人士积极评价中国全国人大通过国家监察法［N］．人民日报，2018-03-21.

② 瞿芃．“打‘虎’拍‘蝇’得到国际社会广泛认同”：中国—东盟反腐败研讨班外方代表“点赞”中国反腐实践［N］．中国纪检监察报，2016-11-04.

③ 赵萌．外国政要怎么看中国反腐？［EB/OL］．(2015-09-11)［2023-03-01］．http：//news. qq. com/a/20150911/059877. htm.

④ 崔小粟．2015 中国共产党与世界对话会：探讨从严治党里的“中国智慧”［EB/OL］．(2015-09-11)［2023-02-20］．http：//fanfu. people. com. cn/n/2015/0911/c64371-27572085. html.

⑤ Hon. Victor Oh Cho-Chair，Wai Young Co-Chair. International and interparliamentary affairs report. Canada-China Legislative Association，2014.

腐败委员会监察与咨询司主任尤瑟夫·阿科普告诉记者："我对中国的'天网'行动印象最深。中央纪委杨晓超秘书长在开幕式上说了，'天网恢恢，疏而不漏'，无论腐败分子逃到哪里，都要把他带回来接受审判，让公平正义得到伸张，我们深受鼓舞。"得知中共十八大以来，全党致力于抓早抓小、关口前移，把纪律挺在前面，阿科普表示认同："这与马来西亚的理念是一致的，我们同样认为在腐败还没有发展蔓延之时，应该从早做起，从小做起，防止它变严重。"①

17. 菲律宾政要的评价

在 2016 年中国—东盟反腐败研讨班举办期间，菲律宾内政部副部长艾米莉·帕迪拉表示，"我相信中国无论在'10+1'框架内，还是在全球范围内，都会在反腐败工作中扮演重要角色。我们支持中国政府在区域内反腐败领域的一切倡议"。②

总之，评价随历史的演进而丰富与客观。各国政要已经形成了一个共识：中国在反腐败工作方面的有效做法和有益经验极具价值，非常值得各国学习借鉴。

二、质疑性评价

国外政要们对中国反腐败与反腐败立法的质疑性评价也不少，但相对含蓄。兹举例如下：

曾有一段时间，部分政要对中国的反腐败斗争其实是不看好的，有不可能长久、只是"阶段性"反腐的观点与判断。故此，时任中共中央政治局常委、中央纪委书记王岐山在 2014 年 12 月与泰国前国

---

① 瞿芃. "打'虎'拍'蝇'得到国际社会广泛认同"：中国—东盟反腐败研讨班外方代表"点赞"中国反腐实践［N］. 中国纪检监察报，2016-11-04.

② 瞿芃. "打'虎'拍'蝇'得到国际社会广泛认同"：中国—东盟反腐败研讨班外方代表"点赞"中国反腐实践［N］. 中国纪检监察报，2016-11-04.

会副主席兼上议院议长提拉德率领的泰国改革大会代表团交流反腐败问题时明确表示："党风廉政建设和反腐败斗争永远在路上。我们要保持坚强政治定力，坚定立场方向，聚焦当前目标任务，坚决遏制腐败蔓延势头。要有静气、不刮风，不搞运动、不是一阵子，踩着不变步伐，把握力度和节奏，把党风廉政建设和反腐败斗争一步步引向深入。我们能够解决在党长期执政条件下的自我监督问题，用实际行动给人民以信心。"① 以此回应中国反腐败是阶段性反腐的片面看法。

在 2015 中国共产党与世界对话会期间，经过与中国共产党高层领导干部"零距离"谈中国的反腐败问题，蒙古国前政要朝格特巴塔尔在接受采访时表示，"中共的反腐败不是运动式的，中国的反腐败是机制建设，中国的反腐败斗争没有终点"。② 这样一种确认，经历了从怀疑到确信的过程，也许不少政要都有过类似经历。

2015 年，澳大利亚前总理陆克文接受记者采访时表示，中国的这场反腐运动触及中国军队甚至中国共产党的高级领导干部，习近平兑现了"老虎""苍蝇一起打的反腐败誓言，目前中国的反腐败斗争令人吃惊。③ 从陆克文用"兑现誓言""令人吃惊"的评价，不难看出，他的确有过怀疑，当然，时间与了解消除了他心中的怀疑。

毋庸讳言，国外政要们对中国反腐败与反腐败立法的怀疑、观察还会继续，但我们坚信，随着实践的不断推进，他们最终会与中国达成反腐败国际合作与立法的共识。

---

① 王岐山会见泰国改革大会代表团［EB/OL］.（2014-12-12）［2023-02-03］. http：//www. xinhuanet. com/politics/2014-12/12/c_ 1113626634. htm.

② 崔小粟. 2015 中国共产党与世界对话会：探讨从严治党里的中国智慧［EB/OL］.（2015-09-11）［2023-02-20］. http：//fanfu. people. com. cn/n/2015/0911/c64371-27572085. html.

③ 莱斯利·夏费尔. 陆克文称中国反腐规模惊人［N］. 环球时报，2015-03-12.

第三章　国际组织官员、外国使节对中国反腐败及反腐败立法评价概览

一、肯定性评价

（一）国际组织代表官员的评价

1. 联合国

中国是最早签署和批准《联合国反腐败公约》（以下简称《公约》）的国家之一，并于2013年7月起接受第一周期履约审议。审议报告高度赞赏中共十八大以来的反腐败决心、措施和成果，认为《公约》相关章节的主要要求都在我国法律和司法实践中得到了体现，并肯定我国使用《公约》作为引渡、司法协助和执法合作的法律依据，推动建立区域反腐败合作网络，开展“天网行动”，所取得的积极成果。[①]

2019年12月9日，联合国驻华代表罗世礼接受专访时表示，中国采取了非常多的反腐败措施，同时在世界范围内，中国采取了很多措施支持其他国家和组织包括联合国的反腐败行为。中国反腐败取得的成果非常巨大，也的确来之不易。因为反腐败问题是世界性治理

① 梅芬.《联合国反腐败公约》走过15年：合作应对腐败 中国步履坚实［J］. 中国纪检监察，2018（21）：60-62.

难题，预防和惩治腐败不是简单的经济问题，涉及方方面面。非常感谢中国坚定维护以《联合国宪章》宗旨和原则为核心的国际秩序和国际体系，以及在《联合国反腐败公约》下发挥的重要作用。中国和联合国在反腐败方面的合作非常具有成效，中国在联合国一直发挥着重要作用，其中一个领域就是反腐败领域。我们也期待中国可以共享治理经验，一如既往积极参与这一领域的国际合作。①

时任联合国毒品与犯罪问题办公室（United Nations Office on Drugs and Crime，UNODC）条约事务部主任约翰·桑德奇 2013 年接受《法治周末》专访，当被问及如何看待中国的腐败情况即评价中国治理腐败的举措时，他表示，“世界各国政府都要面对腐败问题，中国政府也不能完全避免，习近平主席明确反腐要坚持老虎苍蝇一起打，中国政府高层展现了对腐败零容忍的决心，力度前所未有”。②

时任联合国毒品和犯罪问题办公室官员弗拉基米尔·柯金从中国积极履行《联合国反腐败公约》方面评价中国：联合国毒品和犯罪问题办公室与中国进行了多年的合作，十分重视中国的贡献。无论是作为审议国还是被审议国，中国专家为《联合国反腐败公约》履约审议机制作出了杰出贡献。此外，中国还向机制提供了各类援助。因此，他们对当前与中国开展的合作感到非常满意。③

2. 世界银行

时任世界银行中国局局长马丁·芮泽表示：中国为改善中小企业的国内营商环境作出了巨大努力，保持了积极的改革步伐，在多项营商环境指标上取得了令人赞许的进步。中国取得的这些进步，离不

---

① 联合国驻华代表：中国反腐败成果巨大 期待扩大国际合作［EB/OL］.（2019-12-10）［2023-03-11］. http：//news. cctv. com/2019/12/10/ARTIAc9OpdBKwFXkUEcphqEE191210. shtml.

② 高风艳. 联合国官员：中国反腐决心前所未有［EB/OL］.（2013-12-31）［2023-02-24］. http：//news. stnn. cc/china/2013/1231/12679. shtml.

③ 境外代表积极评价中国反腐败成就［EB/OL］.（2017-05-31）［2023-02-13］. https：//zgjjjc. ccdi. gov. cn/bqml/bqxx/201705/t20170531_ 100190. html.

开全面从严治党。①

时任世界银行国际金融公司亚洲法务部高级经理胡佩兹表示，中国有远亲不如近邻的说法，“一带一路”参与方这些近邻，现在有很好的机会在执法和反洗钱等方面加强国际合作。②

3. 经济合作与发展组织（OECD）

时任经济合作与发展组织（简称经合组织）副秘书长、代理首席经济学家玉木林太郎评价说：中国向国际社会展示了打击腐败的决心。“老虎”“苍蝇”一起打，这一提法，已被国际社会所熟知。我们对此十分欣赏。在打击境外贿赂方面，中国积极参与了经合组织的讨论，特别是作为观察员，参加了经合组织反贿赂工作组的讨论。中国向国际社会展示了大力打击腐败、积极开展国际合作的决心。③他还从中国反腐败斗争成效角度表示，中国以实际的反腐行动向国际社会传递出严厉打击腐败以及积极开展国际合作的决心，是反腐败的典范。④

在二十国集团准备期间，经合组织在“G20 Seminar on Corruption and Economic Growth”一文中称赞“中国积极与英国和经合组织一起研讨腐败问题的相关危害，并推进研究反腐败国际合作的解决措施”。⑤

时任经合组织秘书长安赫尔·古里亚在“China and the OECD: A Mutually Benefcial Partnership”中表示，“2016 年全球经济环境将

---

① 高飞，郝文佳. 顽强坚韧 逆风破浪：世界舆论点赞 2020 年中国正风反腐［J］. 中国纪检监察，2021（01）：48-49.

② 杨海龙. 让廉洁为“一带一路”保驾护航：加强国际合作共建廉洁之路研讨会侧记［N］. 中国纪检监察报，2021-09-24.

③ 境外代表积极评价中国反腐败成就［EB/OL］.（2017-05-31）［2023-02-13］. https：//zgjjjc. ccdi. gov. cn/bqml/bqxx/201705/t20170531_ 100190. html.

④ 杨诗琪. 深化反腐国际合作 阻断贪官外逃之路：亚太经合组织反腐败系列会议侧记［N］. 中国纪检监察报，2014-08-20.

⑤ OECD Conference Centre. G20 seminar on corruption and economic growth［EB/OL］.（2016-10-17）［2023-02-27］. https：//www. g20. org.

日益具有挑战性，面临着难以捉摸的增长前景，中国作为2016年G20的轮值主席国，OECD支持中国在推动反腐败方面的努力，将与中国开展密切合作”。①

4. 亚太经济合作组织（APEC）

时任亚太经济合作组织（简称亚太经合组织）秘书处执行主任艾伦·博拉尔德接受采访时表示，在过去十几年间，中国更多牵头或者参与区域活动和倡议，中国在反腐败方面非常活跃，中国在亚太经合组织会议期间倡议建立反腐败执法合作网络机制，建议已经得到美国的响应，希望各经济体能建立一个透明的国际反腐败合作工作机制。②

时任亚太经合组织官员王晓岷就中国倡议建立反腐败执法合作网络机制表示，在2014年的APEC议题中，反腐败已经成为一个焦点议题，取得重要进展，并成为APEC会议最重要的成果之一。APEC会议对这一议题的推进程度超出以往，中方在反腐败这一议题上表现出了非凡的领导力。③

5. 国际反腐败学院

在2016年中国—东盟反腐败研讨班举办期间，国际反腐败学院院长马丁·克鲁特纳对中国反腐败实践评价道：“腐败是所有国家都面临的一个重要的问题。在我看来，已经有包括中国在内的一些国家取得了成果，比如中国‘老虎’‘苍蝇’一起打的行动已经得到国际社会的广泛认同。”④

马丁·克鲁特纳还指出：“打击腐败是一个国际问题，世界上没

---

① ANGEL GURRIA. China and the OECD: a mutually beneficial partnership [EB/OL]. [2023-03-02]. www. oecd. org/china.

② 马玉洁. 专访：中国已准备好更多参与国际事务 [EB/OL]. (2014-11-07) [2023-03-02]. http: //news. xinhuanet. com/world/2014-11/07/c_ 1113154965. htm.

③ 郭河驹. 中国反腐败赢得国际社会积极评价 [J]. 中国纪检监察, 2015 (01): 56-57.

④ 瞿芃. “打‘虎’拍‘蝇’得到国际社会广泛认同”：中国—东盟反腐败研讨班外方代表“点赞”中国反腐实践 [N]. 中国纪检监察报, 2016-11-04.

有哪个国家不受腐败影响。在这样的背景之下，推动合作非常重要，中国政府主办此次会议，为我们提供了很好的平台。我认为，过去我们打击腐败仅仅依靠执法。我们应该意识到，打击腐败应当依靠‘四大支柱’，包括：执法、预防、教育和国际合作。正如此次会议反映出的，在过去一段时间内，这‘四大支柱’性做法的重要性愈发显现，也为各国提供了在《联合国反腐败公约》等统一框架下开展合作的基础。”[①]

6. 国际刑警组织

国际刑警组织反腐败和金融犯罪局副局长詹姆斯·安德森认为，腐败是一种危害结果非常严重的犯罪，中国如此重视与反腐败相关的调查，国际刑警组织很受鼓舞。[②] 2015 年，中国在国际刑警组织的支持下，首次集中公布 100 名涉嫌贪腐外逃人员的红色通缉令，开创国际刑警组织历史上大规模公开追逃追赃的先河。

7. 欧洲委员会

欧洲委员会前副主席皮埃尔·德福安在 2014 年接受中国纪检监察网在线访谈，针对如何评价中国在反腐败领域所取得的成果，他表示，“对中国现在发生的事情感到非常吃惊，严格的反腐败程序使‘老虎苍蝇一起打’的成效显著。中国通过整改网络渠道反腐败机制，方便公众与纪检部门沟通并检举揭发腐败行为，对可能的腐败分子能够起到有效的震慑作用，中国的反腐败体制有助于中国实现反腐败治理目标”。[③]

德福安出席 2015 中国共产党与世界对话会，其间与王岐山书记交流中国反腐败问题，之后他表示，“王岐山书记是一个对于中国社

---

① 境外代表积极评价中国反腐败成就［EB/OL］.（2017－05－31）［2023－02－11］. https：//zgjjjc. ccdi. gov. cn/bqml/bqxx/201705/t20170531_ 100190. html.

② 永远在路上：国际追逃布天网 红色通缉令震慑外逃贪官［EB/OL］.（2016－10－25）［2023－01－19］. http：//news. cnr. cn/native/gd/20161025/t20161025_ 523219480. shtml.

③ 反腐三人谈：国际学者谈反腐［EB/OL］.（2017－04－05）［2023－03－02］. http：//v. mos. gov. cn/zhibo28/index. shtml.

会问题拥有深刻洞察力的领导人，善于将政治、经济等方方面面的问题结合起来考虑，展示了他在反腐方面的决心，同时也解释了决心背后的逻辑”。①

他在2015年接受媒体采访时表示，“十八大以来，中国共产党把反腐败作为当前工作的重点之一，执政党在自我监督方面做得越来越好”“中国的反腐败是一个系统工程，中国在各个层级的官员中进行反腐败行动，各级官员一旦违法滥权，就会依据反腐败相关法律制度予以惩罚”“中国共产党现在非常坚定地推动反腐败，并且要对反腐败机制进行扎扎实实地建设，是由于中共必须要满足中国人民对于执政党的需求”“中国共产党确实有可能进行自我监督以及改正，这也是中国的一种‘专利’，中国人做到了世界上其他无人能做到的事情”。② 他还表示，“中国对各个级别的官员腐败问题进行严厉惩治，显示出中国新一届领导集体打击腐败的决心”。③

8. 亚洲—非洲法律协商组织

亚洲—非洲法律协商组织是亚非地区唯一的政府间法律协商组织。时任亚洲—非洲法律协商组织秘书长加斯顿指出，《联合国反腐败公约》是目前唯一一部在全球具有执行力的反腐败公约，参与“一带一路”建设的国家和地区大部分已经加入和签署了该公约，“廉洁丝绸之路建立在《联合国反腐败公约》的基础之上，必将取得成功”。④

---

① 崔小粟. 2015中国共产党与世界对话会：探讨从严治党里的“中国智慧”［EB/OL］.（2015-09-11）［2023-02-20］. http：//fanfu. people. com. cn/n/2015/0911/c64371-27572085. html.

② 崔小粟. 2015中国共产党与世界对话会：探讨从严治党里的“中国智慧”［EB/OL］.（2015-09-11）［2023-02-20］. http：//fanfu. people. com. cn/n/2015/0911/c64371-27572085. html.

③ 崔小粟. 2015中国共产党与世界对话会：探讨从严治党里的“中国智慧”［EB/OL］.（2015-09-11）［2023-02-20］. http：//fanfu. people. com. cn/n/2015/0911/c64371-27572085. html.

④ 周明阳. 与会嘉宾在廉洁丝绸之路分论坛上畅谈：努力把“一带一路”建成廉洁之路［N］. 经济日报，2019-04-26.

（二）外国使节的评价

多国使节在接受采访时也纷纷肯定中国在反腐败领域取得的成果，表示愿加强同中国合作，共同打击腐败。

1. 格鲁吉亚驻华大使

时任格鲁吉亚驻华大使大卫·阿普恰乌利告诉记者，“习近平总书记领导下的中共确立了非常重要的战略，就是持续加大打击腐败的力度。我认为，这个战略一个非常重要的作用，就是可以带来经济的发展和社会的稳定”。①

他还表示，中国打击腐败的力度给全球设立了样板。中国可以向世界展示：中国在进行经济改革的同时，也在促进社会发展，提高人民的生活水平，并且中国在国际事务中的作用也大大提高了。他说：“我认为中国在许多事务中的角色在不断地崛起，如果腐败和其他问题（不解决好），会成为中国崛起的障碍，所以打击腐败不仅对中国国内有效益，在国际上对中国也是非常重要的。我们国家非常愿意与中国加强反腐败合作。双方可分享经验并互相学习好的做法。”②

2. 尼泊尔驻华大使

时任尼泊尔驻华大使利拉·马尼·鲍德尔表示，腐败不是一次能解决的问题，需要很长的时间和策略。中国在反腐败领域工作做得非常出色，让他印象深刻。③ 他指出，“如果任由小的腐败问题发展，腐败就会变成一种文化，整个社会都会变坏，所以必须控制住小的腐

---

① 王少伟，何韬. 中国反腐败的成就令人瞩目［EB/OL］.（2017-01-20）［2023-03-01］. https://m.sohu.com/a/124854279_114731.

② 外国使节看中国反腐败：中国打击腐败的力度给全球设立样板［EB/OL］.（2017-01-23）［2023-03-11］. http://v.ccdi.gov.cn/2017/01/23/VIDErK2wqKsaKwALlDRIDL33170123.shtml.

③ 外国使节看中国反腐败：中国打击腐败的力度给全球设立样板［EB/OL］.（2017-01-23）［2023-03-11］. http://v.ccdi.gov.cn/2017/01/23/VIDErK2wqKsaKwALlDRIDL33170123.shtml.

败问题”。他还表示，“中共采取系列行动‘打虎拍蝇’，腐败案件无论大小都进行严肃查处，这项工作做得非常出色，使我印象深刻。中国反腐败的成就令人瞩目”。①

他认为，“中央纪委开展规模大、时间周期长的反腐败行动，针对大小腐败案件都进行查处，在基层地区查处小腐败案件也非常重要，中央纪委的工作非常出色”② “虽然已有打击腐败的法律途径，但仍然需要有道德对策”“从事反腐败工作的人必须自律，如果他们自己腐败，不正确履行职责，对反腐败工作会造成非常负面的影响”。③

3. 希腊驻华大使

希腊驻华大使莱奥尼达斯·罗卡纳斯表示：“希腊也曾经并正在面临腐败问题，没有国家能从腐败中幸免。腐败对于整个社会有腐蚀和毁灭性的作用。我们对中国在反腐方面作出的巨大努力表示欢迎。我们看到已经有数以千计的中国各级官员因为腐败问题落马，中共十九大也将反腐败列为重要议题。我们对此表示认同和赞赏。希腊已经在反腐败方面与中国开展合作，如果我们的合作能够减少腐败发生，我们一定会加强合作。”④

罗卡纳斯在接受记者采访时表示，反腐败是非常重要的问题，不仅对于中国，对于世界也是如此。打击腐败，需要加强国际合作。“所以我们非常欢迎这样的活动，它展现了中国开放透明的态度，也让我们与中国官员进行了很好的沟通。我们希望今后可以在双方都

① 王少伟，何韬. 中国反腐败的成就令人瞩目［EB/OL］.（2017-01-20）［2023-03-01］. https：//m. sohu. com/a/124854279_ 114731.

② 外国使节看中国反腐败：中国打击腐败的力度给全球设立样板［EB/OL］.（2017-01-23）［2023-03-11］. http：//v. ccdi. gov. cn/2017/01/23/VIDErK2wqKsaKwALlDRIDL33170123. shtml.

③ 中央纪委举行吹风会，向外国驻华使节介绍中央纪委七次全会精神［EB/OL］.（2017-01-22）［2023-03-10］. http：//www. ccdi. gov. cn/special/sbjqcqh/topnews_ sbjqzqh/201701/t20170122_ 93210. html.

④ 时冉. 外国使节为中国经验点赞 愿进一步加强与中国的反腐合作［EB/OL］.（2017-12-06）［2021-03-13］. https：//www. sohu. com/a/208871713_ 115239.

感兴趣的领域开展更多这样的活动。”①

他认为，“能够与中国负责反腐败的官员进行交流非常重要，反腐败需要国际交流与合作，中国举办吹风会展现了中国对反腐败问题开放透明的态度”“根据这次吹风会以及其他场合的了解，中国采取了规模大、持续周期长、深入和具体的反腐败措施”“腐败影响人们对法治的信任和信心，动摇人们遵纪守法的信心，中国的反腐败举措为国际社会预防腐败树立了良好的榜样”。②

他还指出，腐败是社会的灾难和顽疾，对社会道德产生腐蚀。所以，打击腐败对社会和人民都非常有益。腐败还影响人们对法治的信任和信心。法治是非常重要的，对希腊如此，对欧盟也是如此。腐败动摇人们遵纪守法的信心。中国为打击腐败树立了好的榜样。榜样是最好的教材，也是最好的一种预防。当然，惩罚那些犯罪分子有助于维护人民的正义感，有助于打击和消除腐败现象。腐败不仅是中国的问题，也是很多国家的问题。因此，他们称赞并认为中国打击腐败的努力非常重要。③

4. 美国驻华大使

时任美国驻华大使马克斯·博卡斯对中国专注于国际腐败和贿赂表示感谢。他提到为什么反腐败如此重要。无论是贿赂、侵占还是滥用公共资金，腐败具有侵蚀性。它侵蚀公众信心，它也损坏我们各经济体。

他说：“在我代表美国出任驻华大使的头五个月，我有幸与许多致力于打击腐败的中国领导人打交道。正如习近平主席所强调的，

① 王少伟，何韬. 中国反腐败的成就令人瞩目［EB/OL］.（2017-01-20）［2023-03-01］. https：//m. sohu. com/a/124854279_ 114731.

② 外国使节看中国反腐败：中国为打击腐败的力度给全球设立样板［EB/OL］.（2017-01-23）［2023-03-11］. http：//v. ccdi. gov. cn/2017/01/23/VIDErK2wqKsaKwALlDRIDL33170123. shtml.

③ 外国使节看中国反腐败：中国打击腐败的力度给全球设立样板［EB/OL］.（2017-01-23）［2023-03-11］. http：//v. ccdi. gov. cn/2017/01/23/VIDErK2wqKsaKwALlDRIDL33170123. shtml.

'老虎''苍蝇'一起打将建立公众信任。中国和其他 APEC 成员正在努力加强本土的反腐败措施。但是犯罪分子不受边境约束。因此我们必须共同努力制止他们，并且在国际上打击贪污。这些会议是重要的第一步。这是有意义的打击腐败行贿战略交流的开始。我们期待着与中国和其他 APEC 经济体合作，继续为遵守规则的公司铲平竞争场地。美国也将同 APEC 共同致力于加强合作，以拒绝给予贪官和他们的非法资产提供庇护。紧密执法合作和信息共享对这个过程至关重要。"[①] 他强调，反腐败工作将为巩固美中两国关系发挥更长远的作用。[②]

5. 西班牙前驻华大使

西班牙前驻华大使布雷格拉特在称赞中国全民参与监督反腐的机制建设时说："在中国，民众可以通过电子媒体、网络等手段参与监督、监管反腐，中国的反腐败斗争不仅是自上而下的而且是全民参与的反腐败斗争。"[③] 他表示，"在中国的反腐工作中，最突出的一点就是反腐的政治力量非常强大，以及最高领导层打击腐败的坚定决心。"[④]

布雷格拉特说："我认为，在中国反腐工作中，最突出的一点就是你们反腐的政治力量非常强大，'老虎'和'苍蝇'一起打，对腐败'零容忍'，我认为，这非常非常重要。重要的一点是，最高领导层打击腐败的坚定决心。如果你们真的成功了，我认为这将是一个鼓舞人心的成绩，会成为全世界的榜样。中国让人民做监督者和监管

---

① 境外代表积极评价中国反腐败成就［EB/OL］.（2017-05-31）［2023-03-15］. https：//zgjjjc. ccdi. gov. cn/bqml/bqxx/201705/t20170531_ 100190. html.

② 郭河驹. 中国反腐败赢得国际社会积极评价［J］. 中国纪检监察，2015（1）：56-57.

③ 对话世界政要及专家学者（五）布雷格拉特：中国反腐最重要的一点是领导层打击腐败的坚定决心［EB/OL］.（2015-09-18）［2023-03-20］. http：//www. ccdi. gov. cn/xwtt/201509/t20150918_ 62051. html.

④ 对话世界政要及专家学者（五）布雷格拉特：中国反腐最重要的一点是领导层打击腐败的坚定决心［EB/OL］.（2015-09-18）［2023-03-20］. http：//www. ccdi. gov. cn/xwtt/201509/t2015091862051. html.

者，因此，民众可以通过电子媒体、网络等手段参与反腐工作之中，担起反腐之责，共谴腐败之行。中国的反腐不仅仅是自上而下的，与此同时，你们正努力争取人民的参与。这样任何人都能够检举，我认为这点非常重要。所有人都必须参与到这场反腐斗争中来。这是我的看法。令我感到惊喜的是，你们有决心打击腐败，公开讨论腐败问题。当然一些组织机构或者国家会把中国的经验与其他国家的经验进行对比，看看能否互鉴互利。如果你们能从我们的经验中学到有助于你们国家的做法，我们也关注你们的做法，那么让我们集思广益，共同进步。这就是交流的意义。”①

6. 马达加斯加驻华大使

时任马达加斯加驻华大使维克托·希科尼纳表示，中国在反腐败国际合作方面贡献了有益的中国经验，而且中国提出的一系列相关倡议也为反腐败国际合作提供了新的机遇。“腐败是当前严重危害众多国家经济和社会发展的毒瘤，中共十九大报告也确立了中国加大反腐败工作的决心和举措。中国在反腐败国际合作方面也贡献了非常有益的中国经验，无论是在金砖国家组织、中非合作论坛、南南合作等国际合作平台，还是习近平主席提出‘一带一路’倡议无疑都进一步加强了反腐败的国际合作，为反腐败国际合作提供了新的机遇。”②

7. 泰国驻华大使

时任泰国驻华大使阿塔育·习萨目表示，泰国高度赞赏中国为推动反腐败国际和区域合作所做的努力，支持廉洁丝绸之路建设。各国在“一带一路”合作中应该高度重视反腐败工作，致力于优化营

---

① 老外眼中的中国反腐：中国在解决一个全球性问题［EB/OL］.（2015-09-23）［2023-02-01］. http：//fanfu. people. com. cn/n/2015/0923/c64371-27622300. html.

② 时冉. 外国使节为中国经验点赞 愿进一步加强与中国的反腐合作［EB/OL］.（2017-12-06）［2023-04-01］. https：//www. sohu. com/a/208871713_ 115239.

商环境、实现可持续发展。①

8. 越南驻华大使

时任越南驻华大使范星梅说，中国、东盟国家均是《联合国反腐败公约》缔约国。双方将积极开展反腐败国际合作，积极推动公约履约审议机制，为确保公约有效执行作出积极贡献。②

9. 博茨瓦纳驻华大使

时任博茨瓦纳驻华大使莫图西·帕拉伊说："这么大一个国家，用这么大力度反对腐败，在每个国际场合都积极倡导反腐败国际合作，给了我们很大的信心。"他认为，中国的反腐败工作不仅对中国重要，对各个国家、组织和个人都是非常有益的，希望中国能够充分发挥影响力，带领其他国家投入到共同打击腐败的工作中来，发挥领头羊的作用。③

10. 阿尔巴尼亚驻华大使

时任阿尔巴尼亚驻华大使塞利姆·贝洛尔塔亚说："中国每天都在发生可喜变化。"阿尔巴尼亚非常希望能够与包括中国在内的其他国家交流经验，共同提高打击腐败的能力。④

11. 突尼斯驻华大使

时任突尼斯驻华大使迪亚·哈立德表示，"与中国一样，突尼斯也非常重视反腐败工作，我们这一届政府今年和未来几年都将反腐败作为一项十分重要的工作，希望能从中国学习到更多经验"。⑤

① 王卓. 中国与东盟国家深化反腐败合作 织密追逃追赃之网 [EB/OL]. (2020-09-30) [2023-05-01]. https://www.ccdi.gov.cn/yaowen/202009/t20200930_226501.html.

② 王卓. 中国与东盟国家深化反腐败合作 织密追逃追赃之网 [EB/OL]. (2020-09-30) [2023-05-01]. https://www.ccdi.gov.cn/yaowen/202009/t20200930_226501.html.

③ 瞿芃，王卓. 出席招待会的外方代表"点赞"中国反腐败工作 [N]. 中国纪检监察报，2017-12-07.

④ 瞿芃，王卓. 出席招待会的外方代表"点赞"中国反腐败工作 [N]. 中国纪检监察报，2017-12-07.

⑤ 瞿芃，王卓. 出席招待会的外方代表"点赞"中国反腐败工作 [N]. 中国纪检监察报，2017-12-07.

12. 新加坡驻华大使

时任新加坡驻华大使吕德耀表示："钦佩中国的反腐败成就，这与习近平总书记的领导密不可分，与中共中央强烈的反腐决心和政治勇气密不可分。"[①]

13. 阿拉伯国家联盟前驻华大使

阿拉伯国家联盟前驻华大使默罕默德·瓦哈卜·萨基特表示，"习近平担任中共中央总书记以来，薄熙来、徐才厚、周永康等案件的审查，充分体现出任何人违犯党纪国法都要承担责任的原则。中共十八届四中全会提出了全面推进依法治国的目标，中国共产党反腐败斗争近来有一个新的发展趋势，就是更多地通过法律和制度改革，健全反腐败机制，最终达到'标本兼治'的效果"。[②]

14. 英国驻华大使馆政务参赞

时任英国驻华大使馆政务参赞韩瑞芬就中国提供平台落实 G20 反腐败成果一事表示，"腐败问题的治理需要建立有效的机制，G20 反腐败研究中心的成立有助于 G20 成员国及其他国家在追逃追赃方面的合作更加紧密，而与中国的合作则是其中的关键"。[③]

15. 委内瑞拉驻华使馆参赞

时任委内瑞拉驻华使馆参赞哈维尔·梅拉约认为，"中国在打击和消除腐败方面采取了重要的举措，已经形成了有效的机制"，中国正走在有效反对腐败的正确道路上。[④]

16. 巴基斯坦驻华使馆参赞

时任巴基斯坦驻华使馆参赞阿西姆·阿里·汗告诉记者："我们

---

① 高飞，郝文佳. 顽强坚韧 逆风破浪：世界舆论点赞 2020 年中国正风反腐［J］. 中国纪检监察，2021（01）：48-49.

② 郭河驹. 中国反腐败赢得国际社会积极评价［J］. 中国纪检监察，2015（01）：56-57.

③ 央视网. G20 反腐败追逃追赃研究中心成立［EB/OL］.（2016-09-24）［2022-12-10］. http：//tv. cctv. com/2016/09/24/VIDE0zLP6DVgAedztWEWvCWa160924. shtml.

④ 瞿芃，王卓. 出席招待会的外方代表"点赞"中国反腐败工作［N］. 中国纪检监察报，2017-12-07.

高度赞赏中国共产党在反腐败工作中所付出的努力。反腐败是一个长期的工作，我们相信，在中国共产党领导下，中国会不断加大反腐败工作力度，取得更大的进步。”①

17. 瑞典驻华使馆参赞

时任瑞典驻华使馆参赞图世德评价说：“我们可以看到，这几年中国在反腐败方面作出了非常多的努力，这种工作成效体现在方方面面，无论在政府、有关机构，还是在社区，都能感受到反腐败带来的变化。”图世德表示，他最为欣赏的就是“老虎”“苍蝇”一起打，因为腐败不分大小，无论什么形式、什么规模，都会产生很大危害。②

18. 文莱驻华使馆临时代办

时任文莱驻华使馆临时代办洪丽玲表示，文莱充分认可《廉洁丝绸之路北京倡议》，高度赞赏中方提出的开放、绿色、廉洁建设理念，将加大对廉洁丝绸之路建设的支持，继续为深化中国—东盟反腐败合作关系作出贡献。③

二、质疑性评价

持怀疑态度的人也不少，质疑性评价不少。仅举几例如下：

在 2015 中国共产党与世界对话会举办之前，欧洲委员会前官员皮埃尔·德福安曾对中国共产党能否真正进行自我监督持怀疑态度，认为执政党的自我监督是惩治腐败的关键环节，中国共产党如何实

① 瞿芃，王卓. 出席招待会的外方代表“点赞”中国反腐败工作［N］. 中国纪检监察报，2017-12-07.

② 瞿芃，王卓. 出席招待会的外方代表“点赞”中国反腐败工作［N］. 中国纪检监察报，2017-12-07.

③ 王卓. 中国与东盟国家深化反腐败合作 织密追逃追赃之网［EB/OL］.（2020-09-30）［2023-02-01］. http：//www. ccdi. gov. cn/yaowen/202009/t20200930_ 226501. html.

现自我监督反腐？在中国反腐败巡视工作机制中如何确保对巡视人员的监督和检查？皮埃尔·德福安是在会中、会后与中国高层领导如中央纪委书记王岐山等深入公开对话交流之后，才转变怀疑态度。德福安在接受采访时表示，“中国共产党确实有可能进行自我监督以及改正，这也是中国的一种‘专利’，中国人做到了世界上无人能做到的事情”。[①]

在2017年中央纪委举办的外国驻华使节及国际组织驻华机构负责人吹风会的交流环节，有部分人提出了怀疑的观点。如，第一，国际社会部分国家由于对中国的法治体系抱有怀疑的态度，且与中国签订引渡条约的国家也相对较少，认为中国近年遣返经济罪犯所依据的法律制度和政策的执行透明度不足。第二，中国自2012年以来查处的腐败案件更多是依靠政治纪律而不是依靠法治。第三，中国有没有相关机制促使普通民众参与到国家的反腐行动中？第四，中国的公职人员个人收入和财产申报制度不健全，中国深化反腐败应该公开国家公职人员的收入等。还有部分人对中国近年推进的巡视制度改革提出怀疑，称“中央纪委如何确保对巡视人员的监督和检查?”尼泊尔政要利拉·马尼·鲍德尔在接受采访时也提出“虽然已有打击腐败的法律途径，但仍然需要有道德对策”“从事反腐败工作的人必须自律，如果他们自己腐败，不正确履行职责，对反腐败工作会造成非常负面的影响”。[②]

① 崔小粟. 2015中国共产党与世界对话会：探讨从严治党里的“中国智慧”［EB/OL］.（2015-09-11）［2023-02-20］. http：//fanfu. people. com. cn/n/2015/0911/c64371-27572085. html.

② 中央纪委举行吹风会，向外国驻华使节介绍中央纪委七次全会精神［EB/OL］.（2017-01-22）［2023-04-16］. http：//www. ccdi. gov. cn/special/sbjqcqh/topnews_ sbjqzqh/201701/t20170122_ 93210. html.

第四章　国外政党领袖对中国反腐败及反腐败立法评价概览

一、国外政党领袖的评价演进

（一）2014年

时任委内瑞拉统一社会主义党国际委员会协调员、拉丁美洲议会委内瑞拉分会副主席罗伊·达萨在接受新华社专访时表示，“中国在近一年多来，反腐工作迅速落实到国家机关、事业单位以及央企等各个层面，中国接受反腐败调查的人数和级别显示了中国共产党反腐的决心和力度”。[①]

他还表示：中共十八届四中全会提出了全面推进依法治国重大决定，表明中国反腐工作向制度化转变。中国在反腐问题上不仅对内保持高压，对外还积极参加和推进在二十国集团、亚太经合组织等多个国际组织和国际协议框架内的联合反腐工作，加强海外追逃追赃，让腐败官员“无处可逃”，已经形成了完整的反腐链。从反腐的力度、深度、广度和效率来看，中国将成为国际反腐的新典范。[②]

---

① 徐烨，王瑛. 中国将成为国际反腐“新典范”：专访委内瑞拉统一社会主义党国际委员会协调员罗伊·达萨［N］. 中国纪检监察报，2014-11-28.

② 郭河驹. 中国反腐败赢得国际社会积极评价［J］. 中国纪检监察，2015（01）：56-57.

（二）2015年

时任俄罗斯共产党国家杜马党团成员、国家杜马金融市场委员会第一副主席瓦基姆·库明在接受采访时表示，关注中国时事的人都了解，中国正在开展轰轰烈烈的反腐行动。此次中国高层决心大，整治程度彻底。在库明看来，中国目前的反腐倡廉行动是正确而及时的。目前中国处在经济社会转型期，对转型构成阻碍的各种因素中，腐败危害最大。中国共产党新一届中央领导集体上任后，越发意识到腐败的危害性，此时大力整治政党内部风气、查处违纪行为，不仅可以拉近政党与人民的距离，改善党在国内外的形象，而且可以提高经济效率，保证经济转型期的平稳过渡。

库明还表示，他能感受到中国日新月异的变化，在反腐方面也是如此。他注意到，中央八项规定目前正在被严格地执行，公款消费的行为受到了严格限制。习近平主席始终对中国的发展道路和未来保持着清醒的认识。中国反腐工作的顺利开展与中国领导人的坚定意志密不可分。此外，中国对于腐败的警醒也是出于对历史教训的深刻认识。二十多年前，苏联解体的重要原因之一，是苏联政府和苏共内部的严重腐败致使民众对国家失去信心。库明认为，俄中两国可以在反腐领域加强合作。他强调，俄罗斯在历史上深受腐败之苦，目前也在制定严厉的反腐措施。此前通过的相关法案要求政府官员和国企高管公布收入、禁止拥有海外资产等，这些都是阶段性成果。

库明认为，作为俄罗斯的好邻居、好朋友、好伙伴，中国在反腐领域的经验非常值得借鉴，两国有着广阔的合作前景。他强调，俄共高度评价中国反腐倡廉行动取得的成果，双方在反腐领域的合作将对中俄两国关系发展产生积极的促进作用。[①]

时任埃及青年党主席艾哈迈德·阿卜杜·哈迪博士在接受记者专访时指出，包括青年党在内的众多埃及政党，都非常关注中国共产党的建设与发展，尤其是中共十八大以来势头很猛、卓有成效的反腐行动。埃及青年党欣赏中国共产党打击腐败的决心，认为中国共产党的反腐行动意义重大，其经验值得借鉴学习。

哈迪认为，一个廉洁的政府是国家正常发展的基础。中国政府严厉打击任何形式的腐败行为，其最终目的是要建立一个清廉的政府，保障国家各项事务良好运转。他认为，反腐对于中国来说意义特别重大。“正是由于中共不断完善自身机制，才能保证中国在经济、社会领域的平稳快速发展。我访华时了解到，中国广大民众十分拥护和支持中共的反腐行动。”哈迪说，“中国是全球经济的领导者之一，面临来自国内外的众多挑战。只有尽快建立一个廉洁高效的政府，才能从容应对挑战，并把挑战转化为机遇。从这一点看，中共的廉政建设和反腐行动，不仅对于中国，而且对于世界都具有深远意义和积极影响。”成立于2005年的埃及青年党在埃及属于中间派政党，主张加强埃及青年在国家发展和政治事务中的作用。哈迪说，埃及青年党赞赏中共的反腐倡廉工作，中共是世界第一大政党，在中共领导下，中国探索出了一条可持续发展、适合自身特点的崭新道路，令世人瞩目。在发展过程中，中共一直敢于打击和处理包括涉及高层领导人的任何腐败行为，让人备感钦佩。哈迪认为，“如果中共没有决心反腐，中国就不可能取得今天这样的辉煌成就。只要中共能够坚持反腐，中国的发展前景一定更加美好”。谈到对中共反腐倡廉有何建议，哈迪说，新闻舆论的监督十分重要，其作用不容忽视。哈迪认为，中共的反腐经验，对于埃及政党具有借鉴意义。“埃及同样面临严峻的反腐局面，我们不仅需要学习中国发展经济的成功经验，而且也需要学习

---

① 谢亚宏. 惩治腐败，中国经验值得借鉴［N］. 人民日报，2015-01-08（22）.

中国反腐的宝贵经验。”①

努尔别克·萨亚萨特是哈萨克斯坦执政党“祖国之光”党政治委员会成员，他同时担任该党下属的公共政策研究所所长。他在接受记者采访时高度评价中国反腐工作的成效，认为通过打击腐败，整风肃纪，抓好党风廉政建设，中国共产党将赢得更多民意支持。“中国共产党和中国政府旨在根除腐败的大规模行动已经持续多年。对于中国来说，打击腐败具有决定性意义，尤其是在当前中国领导人全力推进社会经济改革的背景下。”萨亚萨特说，毫不妥协地有效打击腐败，对于中国完成社会经济的转型、实现民族复兴的中国梦至关重要，也是其中的关键环节。②

在萨亚萨特看来，中国目前的反腐行动体现出四大突出特点。一是务实公开。中国领导人并不害怕“家丑外扬”，展示出严厉打击腐败的坚定决心，“从反腐斗争开始之初，中国政府就广泛地发布国内反腐工作的进展情况，系统地向公众提供统计数据和事实信息，并大力报道那些社会民众最为关切的反腐调查等”。二是持续性。中共领导人明白，反腐斗争绝非一朝一夕之事，从一开始就明确表态，在反腐这个问题上，不管党内或政府内所担任的职务有多高，法律面前人人平等。三是系统性。缺少制度层面上系统性的综合措施，打击腐败是不可能成功的。必须要建立反腐和党风廉政的长效机制，而这一切都建立在改革法律系统体制之上，“正因如此，依法治国成为中共十八届四中全会的主要议题”。四是官方与民间力量合力打击。中国共产党开展的群众路线教育实践活动特别引人关注，这项活动的主旨就是要巩固党和国家领导层与普通民众的联系。萨亚萨特相信，哈中两国未来在反腐工作领域可以进一步开展经验交流、互鉴与合作。哈

---

① 刘水明，刘睿，王云松. 国外政党看中国反腐倡廉：行动果敢有力 经验值得借鉴[N]. 人民日报，2015-01-07（22）.

② 黄文帝. 国外政党看中国反腐倡廉：打击腐败，不惧“家丑外扬”[N]. 人民日报，2015-01-12（22）.

“祖国之光”党与中共都将反腐问题视为自身工作的重要方向，并且中共在反腐倡廉、建设廉洁政府、保持党风党纪等方面的工作积累了宝贵经验，哈“祖国之光”党对此非常感兴趣。公共政策研究所就曾深入学习研究了中共2012年出台的《关于改进工作作风、密切联系群众的八项规定》。哈“祖国之光”党与中国共产党之间的党际合作，包括在反腐方面的经验交流合作，正在不断加强。[①]

墨西哥革命制度党国际事务部部长哈维尔·维加在接受记者采访时表示，中国共产党对腐败行为和涉腐官员采取“零容忍”态度，反腐工作深入党政机关、国有企业等各个层级，真正做到有贪必惩，在很大程度上提升了政府公信力，增强了社会凝聚力和向心力。在维加看来，反腐败对中国未来经济和社会发展具有重要意义。这一反腐行动力度大、范围广，显示出党和政府倾听民意、自我修正、自我完善的决心。当前，反腐倡廉行动可进一步推动政党的风清气正，提升执政本领和公信力。维加表示，中国国家主席习近平提出要“把权力关进制度的笼子里”，从权力运行的高度，推动建立不敢腐的惩戒机制、不能腐的防范机制、不易腐的保障机制，给予墨西哥革命制度党以很大启示。

他认为，打击腐败是世界各国政府面临的一个共同课题，中共的反腐行动在实践过程中越来越成熟，可为世界共同的反腐行动提供经验借鉴。在中国政府的推动下，二十国集团、亚太经合组织等一致同意在组织合作框架内加强成员间的反腐合作。从2013年开始，在中墨两国领导人的共同努力下，两国关系实现了再起航，中墨两国的双边互访和人员交流活动日益频繁。维加表示，作为革命制度党国际事务部的部长，他本人参与并见证了两党之间的多次访问与交流活动。两年来，革命制度党主席卡马乔及全国总书记奥尔特加等率领的革命制度党代表团相继访华，推动了双方在党建和反腐倡廉领域的

① 黄文帝. 国外政党看中国反腐倡廉：打击腐败，不惧“家丑外扬”［N］. 人民日报，2015-01-12（22）.

经验交流，为两党未来在反腐领域展开合作奠定了基础。他提出，中墨两国同为重要的新兴市场国家，都处在深化结构性改革的攻坚阶段。同中共一样，墨西哥革命制度党也十分重视反腐倡廉建设，面临着反腐败的艰巨任务。中墨两国应增强交流与合作，互相借鉴和学习。①

（三）2017 年

捷克和摩拉维亚共产党主席、捷克众议院副议长菲利普说："中共从严治党取得了重要成果，尤其是反腐成效显著，更加赢得了民心。"很多捷克在华企业表示，中国的营商环境在改善，法律环境在改善，这与中国从严治党密不可分。②

巴基斯坦人民党旁遮普省中央党部主席卡马尔·扎曼·凯拉说，通过全面从严治党，反腐败斗争形成压倒性态势，"中国共产党将进一步增强党和政府的凝聚力和领导力，并促使各级领导和广大党员更好地为维护国家利益而奋斗"。

在巴勒斯坦民族解放运动对华关系专员阿巴斯·扎基看来，中国共产党作风建设常抓不懈，才取得今天治国理政的伟大成就。"全面从严治党提升了中国共产党的活力与斗志，这对中国的未来至关重要。"

土耳其爱国党副主席索内尔·波拉特对中国共产党勇于自我革新、自我净化深表赞叹，"中国共产党的反腐败斗争力度之大堪称前无古人，值得称赞""毫无疑问，中国共产党是当今世界最有效率的

---

① 姜波. 国外政党看中国反腐倡廉：反腐"零容忍"提升政府公信力［N］. 人民日报，2015-01-13（22）.

② 王少伟，周根山. 为全球反腐贡献中国智慧：写在第 14 个国际反腐败日来临之际［N］. 中国纪检监察报，2017-12-09（01）.

政党之一”。

新西兰工党主席奈杰尔·霍沃思认为，中国共产党全面从严治党强调法治，任何违法者，无论地位多高、权力多大，都会被绳之以法。全面从严治党显著提高中国共产党的执政能力，对中国未来发展意义非凡。①

亚美尼亚国民会议外委会副主席埃尔米奈·纳戈达良特别提到了中国共产党在反腐领域取得的巨大成绩。她说，中国共产党加强在各领域打击腐败的力度，这非常重要，只有在一个风清气正的社会里，民众之间、人民和领导层之间才能互相信任。

毛里求斯社会主义战斗运动党青年书记沙马·胡雷拉姆表示，腐败是世界范围内都存在的问题，中国正采取切实有效的反腐措施。中国共产党十分重视党内人才培养，是全世界政党非常好的榜样。

俄罗斯统一俄罗斯党国际部副部长娜塔莉娅·波莫佐娃强调，各个政党聚在一起，分享看法与经验，对于解决腐败问题十分关键，中俄之间也应保持沟通交流。

法国共和国前进党全国委员会委员、国民议会法中友好小组主席陈文雄，也认同反腐工作对于社会发展的意义。他表示，抑制腐败有利于“吸引其他国家、大公司到中国来投资，保持经济发展，创造更多工作岗位”。消除腐败现象，“会使中国的社会生活更加和谐，也会帮助普通创业者发展他们的企业，对中国下一阶段的发展也至关重要”。

南非非洲人国民大会全国执委、中央新闻发言人齐齐·科德瓦认为，一个政党要保证自己的清正廉洁才能赢得民众的信任，民众才能相信他们把自己带向更加美好的明天。“中国共产党不仅是在观念

① 季伟，赵悦，贺灿铃，等. 关于中共重拳反腐外国政党这么看［N］. 人民日报（海外版），2017-09-13（02）.

上反腐，还实施了切实有效的措施”，他希望向中国学习高效的治党经验。

巴拿马主义党总书记巴尔德拉马在接受采访时表示，很高兴看到中国共产党邀请全球政党共同建设一个促进对话、促进共识、促进世界进步的平台。巴拿马希望通过对话与合作的方式，坚定地解决各国都面临的腐败问题，真正地为人民谋幸福。①

（四）2019 年

为世界树立楷模——“中国共产党人为世界树立了睿智楷模”。这是俄罗斯共产党中央委员会副主席德米特里·诺维科夫的论断。他特地指出正风反腐的成果：中国的反腐斗争没有像其他许多国家所做的一样，只停留在口头上，没有在只触及了“小卒”之后就停止。中国反腐斗争规模空前，得到了全世界的认可。②

中国的反腐败实践得到了国际社会的积极肯定。他表示：“中国共产党人为世界树立了睿智楷模。中国共产党严明党纪、坚持党的领导、把为人民谋利益作为工作中心，正在坚定地克服一切困难，领导国家迈向社会主义伟大未来。”③

（五）2021 年

2021 年 4 月，柬埔寨民间社会组织联盟论坛项目计划部主任谢

① 周欣，伍海燕. 外国政党领导人：扶贫、反腐成就斐然 向中国经验“取经”［EB/OL］.（2017-12-08）［2023-04-02］. http：//world. people. com. cn/n1/2017/1208/c1002-29695532. html.

② 吴黎明. 2019 中国正风反腐的世界回响［J］. 中国纪检监察，2020（01）：38-39.

③ 高飞，郝文佳. 顽强坚韧 逆风破浪：世界舆论点赞 2020 年中国正风反腐［J］. 中国纪检监察，2021（01）：48-49.

莫尼勒在接受《人民日报》记者专访时表示，“从 1921 年到 2021 年，中国共产党已走过百年历程。历史证明，中国共产党是最适合中国的执政党，也是世界范围内一个伟大的政党”。在中国共产党的领导下，中国在过去百年里实现了国家独立、民族振兴，成为全球最有影响力的大国之一。“中国共产党的蓬勃壮大，不仅是中国之幸，也是世界之幸。”①

谢莫尼勒表示，中国特色社会主义道路是中国共产党凝聚集体智慧，经过百年探索，走出的适合中国社会、符合中国国情的发展道路，中国当前的发展成就是最好的证明。在谢莫尼勒看来，中国共产党有许多值得其他发展中国家政党学习研究之处。首先，中国共产党执政为民、严惩腐败。“中共十八大以来，中国共产党严厉惩治贪污腐败，杜绝懒政庸政怠政，取得了良好的效果。”他指出，“官员不作为和贪污腐败是很多政党积重难返的弊病，中国共产党的做法具有借鉴意义。”②

其次，中国共产党坚持实事求是、注重调查研究、重视队伍建设。“我认识的中共党员大都务实乐观、思维活跃、积极主动、大局意识强，他们毫不动摇地贯彻党中央的部署，在具体工作中遵循实事求是的原则。这些优点值得柬埔寨人民党党员学习，这也是近年来柬中积极开展政党合作的原因。”中国共产党十分重视政党交流，同发展中国家政党在平等基础上开展合作。“中国共产党正在引领国际社会合作与进步，近年来提出的构建人类命运共同体理念得到了越来越多国家和民众的认同。”谢莫尼勒表示，在中国共产党的推动下，中国与许多国家在各领域的合作日益加强，政党合作顺利开展。“中国共产党不仅带领中国人民取得了杰出的发展成就，而且为发展中国家执政党提供了有益借鉴。”谢莫尼勒表示，“在历史长河中，中

---

① 百名外国政党政要看中共：增进交流合作 共享发展机遇［N］. 人民日报，2021-04-28.

② 百名外国政党政要看中共：增进交流合作 共享发展机遇［N］. 人民日报，2021-04-28.

国共产党注定是一颗耀眼的明星。”①

（六）2022 年

丹麦共产党主席亨里克·斯塔默·赫丁在接受记者采访时表示，近年来，在中国共产党的坚强领导下，中国在脱贫攻坚、反腐倡廉、环境保护等方面取得了举世瞩目的成就。赫丁感叹道，中国的发展吸引了全世界的关注。在赫丁看来，中国之所以取得如此巨大的成就，一个最根本、具有决定性的因素，就是中国共产党的领导。中国共产党在制定政策时，既立足中国国情，又与时俱进，“中国人民通过多种方式积极参与国家治理与建设，这也是中国取得巨大发展成就的重要原因”。赫丁表示，中国共产党以实际行动帮助发展中国家，“这非常难得”。在他看来，中国提出共建“一带一路”等重要倡议，为沿线国家改善、重建基础设施提供支持，有助于提升发展中国家的基础设施水平，增进人民福祉，真正体现了对发展中国家人民的关心。②

印度左翼政党领导人、全印前进同盟中央书记加内桑·德瓦拉坚在接受记者采访时表示：“中国共产党总能及时发现问题、解决问题，了解中国人民群众的真实需求，值得各国政党学习借鉴。”习近平总书记曾在中国地方工作过很长时间，非常了解中国人民需要什么、中国人民的梦想追求是什么。“在习近平总书记的领导下，中国在新时代坚持和发展中国特色社会主义，取得了巨大的成就。”全印前进同盟也十分重视学习中国共产党开展反腐败斗争的经验。他认为，发现腐败行为的时候，必须立刻查处。中国共产党能够始终正视问题，坚决打击腐败。在他看来，中国共产党在反腐败斗争中一直拥

① 百名外国政党政要看中共：增进交流合作 共享发展机遇［N］. 人民日报，2021-04-28.

② 殷淼. “希望中国特色社会主义建设取得新的更大成就”“对中国的未来充满期待”（外国政党政要和友好人士看新时代中国共产党）［N］. 人民日报，2022-09-05.

有人民的信任，是世界上其他政党学习的榜样。他表示对中国共产党领导下的中国未来充满期待。[①]

保加利亚共产党中央委员会第一书记阿列克桑达尔·帕乌诺夫在接受记者采访时表示，“我为中国共产党领导中国人民在抗击新冠疫情、脱贫攻坚、惩治腐败、保护生态环境等方面取得的各项成就倍感振奋，对中国未来发展充满信心”，中国在过去10年中的发展成就给世界留下了深刻印象。[②]

二、原因分析

诚如金英君等所言：“不同政党对中共态度的冷暖温差不一，这是客观事实。不同政党存在温差，意识形态差异是首要因素。同时，地缘政治、历史文化及国家利益也是其认知和评判的重要考量因素。”世界政党领袖对中国反腐败与反腐败立法的评价，基于上述因素，存在较大差异也属正常。西方国家政党领袖的评价与发展中国家政党领袖的评价不同，甚至有较大不同，也是客观存在。“一般说来，发展中国家政党总体上比西方国家政党评价要更客观、积极，西方的中左翼政党比中右翼政党的评价明显更积极、友好，世界共产党和左翼政党对中共的评价最友好。”“即使是总体否定中共的西方右翼政党，对中共的态度，其实也有不同声音，并非铁板一块。”[③] 本书作者赞同这样的结论。

的确，一些政党领袖对中国反腐败与反腐败立法的评价是建立

① 张矜若.“相信中国共产党人能够应对新挑战”“对中国的未来充满期待”（外国政党政要和友好人士看新时代中国共产党）[N].人民日报，2022-09-05.

② 于洋.“中国的发展经验可为其他国家和地区借鉴”“对中国的未来充满期待”（外国政党政要和友好人士看新时代中国共产党）[N].人民日报，2022-09-05.

③ 金英君，唐海军.国外一些政党及政要如何看待中国共产党百年[J].当代世界与社会主义，2021（03）：68-74.

在不断接触与逐渐了解的基础之上的，有一个不断加深了解认识的过程。除了一些在意识形态上执意坚守反华反共立场不变的西方右翼政党外，一般政党领袖会随着认识的加深而调整看法与评价，总体而言，会从偏见、误解、批评演进到相对客观，甚至肯定、点赞。

毋庸置疑，国际舆论场中“西强东弱”的格局没有根本改变，国际反华势力在意识形态上妖魔化中国、攻击抹黑中国的现象仍然存在，而且短期难以消除。这在一定程度上影响着西方及部分发展中国家主流政党领袖对中国反腐败与反腐败立法的态度与认知评判。尤其是随着近年来中国的和平崛起、国际力量对比出现“东升西降”的迹象，西方对华焦虑、嫉妒、仇视和对抗心态日益凸显，其主导下的国际舆论对中国的诋毁与抹黑也在加剧。因此，在世界政党政治演进中，中共良好国际形象的塑造与改观，仍将面临严峻复杂的局面。[①] 对此，我们必须未雨绸缪，做好应对准备。

总之，当前，许多国家政党政治的发展落后于中国，因而在对中国反腐败及反腐败立法进行评价时，是基于自己国家政党政治的基本情况，抱着学习的心态进行的。因此，从态度上来看，许多政党领袖对我国反腐败及反腐败立法的评价都是积极的和肯定的。

① 金英君，唐海军. 国外一些政党及政要如何看待中国共产党百年［J］. 当代世界与社会主义，2021（03）：68-74.

第五章 国外主流媒体对中国反腐败及反腐败立法评价概览

国外的主流媒体大多来自西方，包括著名的西方四大通讯社——美联社、路透社、法新社、合众国际社，以及知名报纸《华尔街日报》《华盛顿邮报》《纽约时报》《时代周刊》《新闻周刊》《福布斯》《泰晤士报》《洛杉矶时报》等。此外，还包括著名的媒体如 BBC、CNN、塔斯社、日本共同通讯社等。这些媒体的影响力可以说是全球性的，甚至可以影响全球事态发展。因此，了解国外主流媒体对中国近年来反腐败与反腐败立法的评价是非常必要的。

一、肯定性评价

中国的反腐行动取得了显著成果，获得了国际主流媒体的普遍认同和肯定，正如美国《福布斯》杂志所说，中国在反腐败领域取得的进展和成果有目共睹。[①]

---

① 焦翔，周�，张志文，等. 聚焦 G20 杭州峰会：跨国反腐，国际合作跃上新高度［N］. 人民日报，2016-08-26.

（一）美国媒体对我国反腐败及反腐败立法的评价

以《纽约时报》《华盛顿邮报》《华尔街日报》《洛杉矶时报》为代表的美国主流媒体，以其强大的国际影响力，左右着世界范围内的舆论。它们在一定程度上代表了美国官方立场和主流民意。

1. 美国媒体对我国反腐败现象的评价

美国《华尔街日报》评价道："中共十八届四中全会聚焦法治改革，对法律的推崇，无疑将有利于遏制腐败和滥用权力。"①

《华尔街日报》曾对中国反腐大案进行详细报道，认为我国反腐败的形式无论是从强度还是规模方面都是有史以来最大的，中国政府对腐败问题的处理和态度是极其认真的。

《华尔街日报》也有报道对我国反腐败状况进行了评论，称中国致力于建立更加严格的反腐败机制。此外，它还对中国领导高层持续关注的反腐败工作进行了预测，认为中国反腐败行动并不仅仅是单纯的反腐败行动，并且引用经济学家马俊的话说，中国严厉的反腐败行动看起来对博彩等高档消费品有不利影响，但是长期来看，还是对经济十分有利的。②

《纽约时报》对中国反腐败行动的前景非常看好，报道称，随着中国反腐败行动的不断前进，共产党的官员在人民心中的形象将会不断好转，尤其对中国共产党执政的信心会再次爆发。

《福布斯》网站称，反腐行动广度、深度前所未有，向贪官发出了一个"这次你在劫难逃"的强烈信号。③

美国彭博新闻社报道，中国共产党颁布的对司法工作人员案件

---

① 郭河驹. 中国反腐败赢得国际社会积极评价［J］. 中国纪检监察，2015（01）：56-57.

② The Wall Street Journal. The impact of anti-corruption on China's consumption capacity［EB/OL］.［2023-04-16］. http：//www. wsj. com/ajw/articles/AJ201311213204. html.

③ 柯岩："中国领导人对于反腐持严肃认真的态度"：外国政要和媒体眼中的习近平［N］. 学习时报，2015-12-21（03）.

终身负责制以及对官员的贪污腐败行为进行更加严厉的处罚的决定，表明中国共产党严厉打击腐败现象和进行司法体制改革的坚定决心。①

《基督教科学箴言报》对中国的反腐败现象进行报道，该报认为，近年来，中国共产党的领导人逐渐重视治理中国腐败现象，中国反腐败行动轰轰烈烈地进行。中国领导人强调，官员腐败将逐渐磨灭掉人民对共产党的执政信心，严重威胁到共产党的领导。②

美联社2019年1月的报道提及过去一年中国在国际追逃追赃领域取得的成就，举例外逃的浙江省新昌县原常务副县长姚锦旗从保加利亚被引渡回国，称“这是中国首次从欧盟成员国成功引渡”涉嫌职务犯罪的国家工作人员。③

“美国之音”也认为中国强力反腐“受到社会的普遍支持”。④“美国之音”网站在2019年初的报道中列举了中国海外追逃取得的成就：2018年中国共追回外逃人员1335名，其中党员和国家工作人员307人，包括“百名红通人员”5名，追赃金额超过35亿元人民币。自2015年启动“天网”行动至今，中国已从120多个国家和地区追回近5000名外逃人员，其中“百名红通人员”56人，追回赃款100多亿元人民币。⑤

美国《外交》杂志刊文指出，“打虎拍蝇”行动已经取得第一阶段的成功，有力地震慑了中国的腐败分子，多数中国政府官员已经“不敢腐”。目前，反腐进入更为关键的阶段——“不能腐”，即加大

① Bloomberg News. Fosun wants to give foreign companies room to grow in China [EB/OL]. [2023-04-11]. http://www. bloomberg. com/ajw/articles/AJ201410112044. html.

② The Christian Science Monitor. Xi promises tougher graft crackdown [EB/OL]. [2023-04-11]. http://www. csmonitor. com//ajw/articles/AJ201510112114. html.

③ 陆致远. 外国专家和媒体关注中国反腐进程 [N]. 中国纪检监察报，2019-01-13.

④ 吴黎明. “反腐败没有碰不得的人”：中国“铁拳反腐”持续获得世界好评 [J]. 中国纪检监察，2019 (02)：59-60.

⑤ 吴黎明. “反腐败没有碰不得的人”：中国“铁拳反腐”持续获得世界好评 [J]. 中国纪检监察，2019 (02)：59-60.

反腐倡廉法规制度建设，建立防止腐败滋长的有效机制。在这一阶段取得成功后，中国将最终迎来第三阶段的反腐——“不想腐”，这或将改变中国的政治文化。该文作出一个乐观判断：如果反腐继续顺利推进，到 2020 年，中国政府将变得更廉洁高效。①

《华尔街日报》直言，习近平希望用更严格的纪律规定使其标志性的反腐行动制度化。自 2013 年以来，有 100 多万名党员在反腐行动中受到惩处。习近平要求加强对政治权力的约束，扎起一个“制度笼子”，确保党员干部“不敢腐、不能腐、不想腐”。②

《华尔街日报》也表示，自 2012 年底以来，中共一直努力为该党重新注入活力，遏制令中共领导人担心的腐败和不良官僚作风。“理想信念动摇是最危险的动摇”“一个政党的衰落，往往从理想信念的丧失或缺失开始”，该报援引习近平的多句重要讲话内容，直言中国的愿景与一个强大且具有组织性和高度纪律性的共产党是分不开的。③

不仅“打虎”“拍蝇”，还要“猎狐”。早在 2014 年，美国全国广播公司就注意到，习近平不仅要求“老虎”“苍蝇“一起打，还开启了“猎狐”行动，追捕卷款潜逃境外的腐败官员和经济犯罪分子。④

美国《外交官亚洲时事》杂志发文指出，“打虎”“拍蝇”有力地震慑了腐败分子，多数中国官员已经不敢腐。该文进一步指出，反腐的成功或将改变中国的政治文化，政府将变得更为清廉与高效。⑤

美国《纽约时报》发表文章指出，反腐行动降低了百姓的生活成本，一些长期在华居住的外国人对此都深有感触，习近平的反腐行

① 严瑜. 中国反腐成果令世界惊叹［N］. 人民日报（海外版），2017-06-12.
② 严瑜. 中国反腐成果令世界惊叹［N］. 人民日报（海外版），2017-06-12.
③ 严瑜. 中国反腐成果令世界惊叹［N］. 人民日报（海外版），2017-06-12.
④ 严瑜. 中国反腐成果令世界惊叹［N］. 人民日报（海外版），2017-06-12.
⑤ 人民网. 外媒点赞“习式反腐”成果期待反腐跨越“攻坚期”［EB/OL］.（2015-08-05）［2023-03-05］. http：//politics. people. com. cn/n/2015/0805/c1001-27415967. html.

动深受民众欢迎。①

2. 美国媒体对我国反腐败立法的评价

美国媒体对我国反腐败立法的报道主要包括反腐败机构设置以及反腐败制度建设两个方面的内容。最主要的是美国《纽约时报》对中国设立反贪总局的评价，称中国即将成立的新的反贪部门——反贪总局，这是对腐败分子的又一次严厉冲击，也是杰里米·波普“以制度改革制定反腐败总战略”理论在中国反腐败行动中的具体实现。该媒体称中国以前反腐败案件处理机构方面的问题主要在于反腐败机构设置不太合理，案件数量多，办案的检察官员数量少，严重限制了中国腐败案件的办理。新的反贪总局的设立有助于解决这些问题，该机构设立的目的就在于破除腐败案件办理中机构机制的障碍，将中国最高人民检察院抽身出来集中在大案件的办理上。《纽约时报》认为这两个机构虽然在名称上相似，但是在级别上却有着重大区别。② 原来的反贪总局在级别上仅仅是局级机构，而新设立的反贪总局的局长是由副部级的检查委员会委员担任，在级别上更高，更具有威慑力。原反贪总局由于级别低，随着反腐败行动的进程逐渐不能适应对高级别官员的查处，新反贪总局的设立更能够适应中国反腐败的潮流。

2015 年两会期间，张德江在全国人大常委会工作报告中提出了今年将加强重点领域立法，推进反腐败国家立法，并且要研究修订行政监察法的议案。美国侨报网在 2015 年 3 月发表的文章中对此评价称：“这更契合了代表委员及社会公众对继续加强反腐败斗争的期待，也是最高国家权力机关对法治反腐的重要宣示。”该文章还表示，反腐败法要体现惩防并举、标本兼治的原则，探索解决反腐败制度碎片化、操作性不强、缺乏系统性协调性等问题，内容上应当涵盖

---

① 黄辉.“没想到中国反腐会令世界如此瞩目”［N］. 中国纪检监察报，2015-01-14.

② New York Times. China sets up new anti-corruption institutions［EB/OL］.［2022-12-27］. http：//www. nytimes. com/ajw/articles/AJ201301012004. html.

民意所指的财产申报和公示、“裸官”登记、金融实名制度，以及与国际合作等一系列科学的制度；亦应有规范公职人员行为的法律，把公务行为纳入法治的轨道；还需有监督公权力行使的法律，把权力关进法律的笼子里。此外，还应明确网络举报和网络监督、网络反腐程序、反腐网民保护等法律制度。当然，反腐败的立法也不仅仅包括刑法、刑事诉讼法，还包括行政监察法等。一言以蔽之，反腐败国家立法是一个综合的系统工程。①

（二）英国媒体对我国反腐败及反腐败立法的评价

1. 英国媒体对我国反腐败现象的评价

英国《金融时报》引用《南方都市报》文章评论称，习近平总书记在反腐败会议上的言辞表明中国领导人反腐败的决心是坚定的，对任何官员的任何腐败行为绝不姑息。习近平称中国的腐败现象已经严重威胁到共产党的执政地位，尤其是中国当前社会存在的问题加剧了中国领导人的不安。② 报道认为，习近平提出的“把权力关进制度的笼子里”的言论十分贴切，这也很好地诠释了用制度约束权力。

《金融时报》专栏作家戴维·皮林认为，习近平反腐斗争的程度之深、持续之久超乎所有人的想象。许多亚洲的发展中国家，都充满了腐败，几乎仅有中国政府采取了行动。③

《金融时报》有文章报道 2014 年的春节，中国的公务员们已没了往年的“喜庆”过节心情。“本该”属于这个季节的更多“清白”外快已不知所终：单位不再用公款举办宴会或演出，不再开展奢华的

① 外媒：中国推进反腐国家立法 反腐或不只靠巡视［N］. 中国日报，2015-03-12.

② Financial Times. China anti-corruption campaign backfires［EB/OL］.［2023-03-16］. https：//www. ft. com/content/02f712b4-8ab8-11e6-8aa5-f79f5696c731.

③ 郭河驹. 中国反腐败赢得国际社会积极评价［J］. 中国纪检监察，2015（01）：56-57.

春节抽奖活动。即便是这个季节最无足轻重的待遇——从果篮到瓜子、年历和食用油，也被以打造更“瘦身”、更清廉、更节俭的新中国的名义所带走。①

《金融时报》有报道称，民众十分拥护反腐行动，互联网上满是支持重拳反腐的言论。该报道还指出，国际合作解决了外逃贪官的引渡问题，堵住了贪官外逃的口子。②

《泰晤士报》发表文章称，如果反腐行动达到了预期目标，那些妨碍改革的既得利益集团就会俯首帖耳。③

《泰晤士报》援引《南方都市报》评论称，习近平总书记的反腐败态度也表明了坚决开展反腐败斗争以及狠抓腐败官员的决心。因为，中国严重的腐败现象已经影响到了共产党的执政地位，这也增强了中国领导人的紧迫感。

BBC 网站报道称，中国人民对中国官员最不满的就是官员的懒散、不务正业以及腐败问题。中国共产党出台多种禁令禁止官员铺张浪费等现象，这些措施都得到了群众的普遍欢迎，这种腐败现象也得到了良好的治理。

2017 年 1 月，中央纪委推出的反腐系列片《打铁还需自身硬》在媒体上播出。路透社报道认为，该片通过反映中央纪委对其内部腐败问题的清查，传达了这样的信息：在中国的反腐战争中，没有清扫不到的死角。④

路透社曾刊文指出，“猎狐”行动是中国继续深入打击腐败的举措之一。该媒体引述中央纪委公布的信息称，迄今为止，中央纪委已

① 郭河驹. 中国反腐败赢得国际社会积极评价［J］. 中国纪检监察，2015（01）：56-57.

② 柯岩：“中国领导人对于反腐持严肃认真的态度”：外国政要和媒体眼中的习近平［N］. 学习时报，2015-12-21（03）.

③ 柯岩：“中国领导人对于反腐持严肃认真的态度”：外国政要和媒体眼中的习近平［N］. 学习时报，2015-12-21（03）.

④ 刘维靖. 中共反腐成果显著 经验值得世界借鉴［EB/OL］.（2017-07-01）［2023-03-11］. https：//news. cri. cn/20170701/25a2cd40-8b36-7e42-a170-3c322cd1c5eb. html.

追回“百名红通人员”40 人，其中大部分是被劝说投案自首的。此外，随着中国政府加强对官员护照等方面的管理，过去 4 年腐败分子逃离中国的情况大幅减少，2014 年外逃 101 人，2015 年外逃 31 人，2016 年外逃 19 人。①

路透社 2018 年 10 月专门刊文评论称：“中国军队正处于一场雄心勃勃的现代化改革之中，这是习近平主席长期反腐努力的核心焦点。”同时路透社也发文指出，“反腐败在中国深得人心”。②

《泰晤士报》在文章中称：“在中国政府作出的‘老虎’‘苍蝇’一起打的承诺下，过去几年中，许多官员因反腐行动而锒铛入狱，中国共产党坚定地认为反腐是一场关系生死存亡的斗争。”③

对于中国过去 5 年来的反腐行动，英国《金融时报》作出这样的评价：“此次反腐行动查处官员级别之高、数量之多可谓数十年所罕见，同时颁布的《关于新形势下党内政治生活的若干准则》和《中国共产党党内监督条例》等规定，都在相当程度上反映了中国共产党领导集体从制度上对腐败‘治本’的决心与雄心。”④

英国《金融时报》发表文章称，习近平上任以来展开的反腐行动“很可能成为自 1970 年代末中国改革开放以来最持久、最强硬的一次‘实干’行动”。文章认为习近平的“反腐战”有三个目标：一是剔除已经腐败的官员；二是给想要贪腐的官员敲响警钟；三是让公众相信，中国政府是在真正惩治腐败。“如果习近平继续深入打击腐败，尤其是高层腐败，那么他很有可能将中国的反腐进程推向成功。”⑤ 2019 年初，十九届中央纪委三次全会闭幕后，路透社即刊文

① 严瑜. 中国反腐成果令世界惊叹［N］. 人民日报（海外版），2017-06-12.

② 吴黎明. “反腐败没有碰不得的人”：中国“铁拳反腐”持续获得世界好评［J］. 中国纪检监察，2019（02）：59-60.

③ 刘维靖. 中共反腐成果显著 经验值得世界借鉴［EB/OL］.（2017-07-01）［2023-03-11］. https：//news. cri. cn/20170701/25a2cd40-8b36-7e42-a170-3c322cd1c5eb. html.

④ 严瑜. 中国反腐成果令世界惊叹［N］. 人民日报（海外版），2017-06-12.

⑤ 严瑜. 中国反腐成果令世界惊叹［N］. 人民日报（海外版），2017-06-12.

预告“中国将加大反腐力度”，重点关注教育、医疗、环保等公众关心的重要领域，“让人民群众有更多更直接更实在的获得感、幸福感、安全感”。[①]

2. 英国媒体对我国反腐败立法的评价

英国作为西方发达国家，在廉洁度上的排名也非常高，其预防腐败和反腐败的法律规定以及制度建设也比较完善。英国媒体从本国环境出发，对中国反腐败立法进行评价，这对完善我国反腐败立法具有一定借鉴作用。

英国广播公司报道，中国即将设立一个新的专门负责腐败治理的机构，新反腐败机构的设立背景是中共十八届四中全会上中国共产党提出了加快国家反腐败立法。报道称，有学者建议在制定的反腐败法中将现有的具有反腐败性质的单位例如反贪局、预防腐败局、监察部等单位融合进反腐败总局。报道还称，虽然中国即将设立的机构尚未公布，但是新机构的设立也不会出现反腐败体系框架叠加的状况。

英国《金融时报》也对我国新设立的反腐败机构进行评价称，新机构比原反贪局的级别更高，原来反贪局在中国仅仅是局级单位，而新机构将会是副部级单位。这种级别上的提升不仅仅是地位和公信力的提升，也是中国共产党深化反腐败斗争和集中力量办理大案和要案的重要方式，英国媒体对中国新的反腐败机构的设立表示赞赏。

（三）俄罗斯媒体对我国反腐败及反腐败立法的评价

俄罗斯高等经济学院东方学教研室主任阿列克谢·马斯洛夫在俄罗斯媒体《论据与事实》上撰文称，习近平提出反腐关系到国家的存亡，为了从根本上铲除贪腐的土壤，中国政府制定出全面的反腐

① 吴黎明. 2019 中国正风反腐的世界回响［J］. 中国纪检监察，2020（01）：38-39.

路线图——不仅打击个人的腐败问题，还将切断整个小集团的腐败链。除“重拳反腐”之外，中国还制定一系列严格规定预防腐败，例如禁止办公室面积超标，禁止在高档饭店招待客人，等等。而对于那些存在侥幸心理外逃别国的贪官，中国积极与相关国家谈判，将他们遣返到案。与中国类似，俄罗斯也开始采取追回贪官的行动，向有关国家提出了要求。俄罗斯的反腐意图是正确的，俄罗斯应该学习中国的策略，并按照这一路线让寡头的资金远离政权。①

莫斯科国立大学亚非国家研究所副所长卡尔涅耶夫在俄罗斯卫星通讯社网站撰文指出，许多外国专家总结2018年中国发展成果时都认为，“反腐败斗争是去年中国的大事件”。他写道，2018年中国反腐打了一批“大老虎”，中国为打击各级官员腐败和违法行为组建了新部门——国家监察委员会。他认为，国家监察委员会“有成立必要”。

作为俄罗斯主流媒体，俄罗斯卫星通讯社的报道以“欧盟首次将腐败官员引渡给中国”为题，探讨“是否可以期待欧盟将加强与中国的反腐合作”。文章评价，姚锦旗从保加利亚被引渡回中国，“此次从欧盟成功实现罪犯递解是个好信号。这表明，缉拿罪犯合作进入建设性轨道”。

俄罗斯《独立报》刊登俄罗斯人民友谊大学教授、东方学家尤里·塔夫罗夫斯基的一篇文章，题为《撼动中国的40年》。其中提及肃贪领域的内容说，“反腐败斗争不仅理顺了经济关系，还从上到下对党和国家的权力系统进行了约束，从而赢得绝大多数中国人越来越多的支持”。②

俄新社评论总结称，中国本届领导集体反腐败斗争的一个突出特点是，“打击腐败没有碰不得的人”。③

① 刘维靖．中共反腐成果显著 经验值得世界借鉴［EB/OL］．(2017-07-01)［2023-03-11］．https：//news. cri. cn/20170701/25a2cd40-8b36-7e42-a170-3c322cd1c5eb. html.

② 陆致远．外国专家和媒体关注中国反腐进程［N］．中国纪检监察报，2019-01-13.

③ 吴黎明．“反腐败没有碰不得的人”：中国“铁拳反腐”持续获得世界好评［J］．中国纪检监察，2019（02）：59-60.

与前几年一样，海外追逃继续成为国际媒体关注的另一个热点。俄罗斯《独立报》刊文最为翔实——2019年1月至10月，中国共追回外逃人员1634名，包括“百名红通人员”4人，追赃金额约29.54亿元人民币。追回外逃人数同比增长69%，追回党员和国家工作人员人数同比增长201%，追赃金额同比增长288%。从“一贪就跑”到“一追到底”，从“暂不回国”到“主动投案”，从“别人手中的牌”到“烫手山芋”……恢恢天网越收越紧、越织越密，为反腐败斗争取得压倒性胜利提供了有力支撑。始于2015年的“天网”行动，目前总共从120多个国家和地区抓回了数千名外逃人员，追回赃款总计数十亿美元。2019年底，《独立报》发表题为《中国一年追回逾千名外逃人员》的文章。文中这样写道：“天网”行动近年来平均每天让五六个人回国归案，他们带走的巨额赃款也随之被追回。“这样的反腐行动高效得难以置信。”①

2020年8月22日，梅德韦杰夫对话中国网友，谈到反腐问题时说，俄罗斯“将详细研究中国反腐工作的经验”，“中国采取的一些措施是非常强硬的，这种措施会带来一定的效果，也会达到目的”。这在俄罗斯媒体上引发议论。俄罗斯《观点报》认为，梅德韦杰夫所说的中国反腐经验应该是指“死刑和没收财产”，中国法律规定，可以对腐败者实施死刑和没收全部财产，而俄罗斯没有死刑。报道称，尽管中国有如此严厉的法律规定，但贪污腐败仍是中国面临的最严峻问题之一。“中国在反腐行动中确实取得了一些成绩，但还不能说取得极大的成果。”②

《观点报》称，中国新一届领导层开展的大规模反腐行动确实遏制了明目张胆的索贿者，但中国各级官员存在的腐败问题与俄罗斯十分相似，腐败现象仍很严重。根据“透明国际”组织公布的世界腐败排名，2012年中国位居第80位，属于腐败较为严重的国家，俄

① 吴黎明. 2019中国正风反腐的世界回响［J］. 中国纪检监察，2020（01）：38-39.

② 柳玉鹏. 俄媒议论“中国反腐经验”称中国采取强硬措施［N］. 环球时报，2020-09-01.

罗斯列第133位。文章称，中国政府加大了打击腐败的力度，一些高官因此而落马。因此，有专家认为，梅德韦杰夫表示“要借鉴中国的经验”，可能是指恢复死刑，这确实对贪官有一定的威慑作用。俄内务部长科洛科利采夫也是这一措施的强力支持者。但克里姆林宫明确表示，反对恢复死刑。①

俄罗斯iarex网站曾引述专家的分析称，中国对贪官实行死刑对反腐工作确实有效。此前，俄罗斯也曾实施过这一严厉的措施，但由于贪官们的阻止而被取消。“为有效威慑贪官，实施死刑是必要和完全正确的。特别是对那些高官，他们的腐败行为给国家造成的损失更大。”几乎所有海外主流媒体都关注孟宏伟的落马，而且颇为“惊诧”，因为这表明为了反腐中国敢于“挥泪斩马谡”。俄罗斯《莫斯科共青团员报》网站报道称：“国际组织官员的身份竟然无法庇护他，这多少有些匪夷所思。不过，如此看来，若是涉及此类案件，这些所谓的护身符并不构成障碍。”②

俄罗斯《莫斯科共青团员报》刊发题为《中国成功的秘密》的文章，文章提出“中国之问”——中国纪录的秘诀是什么？中国成功有奥秘。“在经营与权力之间划出泾渭分明的界限，这也发挥了重要作用。”③

俄罗斯自由媒体网站也曾援引英国伦敦大学国王学院中国研究所所长克里·布朗的观点指出，习近平号召中共高级干部坚定理想信念，中共并没有像西方以为的那样背弃自己的原则。④

俄罗斯卫星通讯社援引莫斯科亚非学院副院长安德烈·卡尔涅耶夫的话称，习近平担任党和国家最高领导人职务不久，便展示出了“打老虎”的坚定性。他经常在讲话时强调，不分职务高低，法律面前人人平等。卡尔涅耶夫表示，过去几年来，不仅有党内官员，也有

---

① 柳玉鹏. 俄媒议论“中国反腐经验”称中国采取强硬措施［N］. 环球时报，2020-09-01.

② 吴黎明. “反腐败没有碰不得的人”：中国“铁拳反腐”持续获得世界好评［J］. 中国纪检监察，2019（02）：59-60.

③ 吴黎明. 2019中国正风反腐的世界回响［J］. 中国纪检监察，2020（01）：38-39.

④ 严瑜. 中国反腐成果令世界惊叹［N］. 人民日报（海外版），2017-06-12.

国企领导被绳之以法。反腐调查还触及司法机关、军队和国家安全系统等敏感领域。① 一次次重拳出击，让那些“曾说未来的打虎力度必将减弱”的预言一次次落空。②

俄罗斯卫星通讯社的总结性报道颇有见地，报道总结了中国反腐的三个“特殊性”：一是全面性。其口号是“老虎“”苍蝇”一起打，即向各层次的腐败宣战。反腐的主要目的是让各级官员感到害怕，不要再指望自己有关系就能蒙混过关。二是公开性。以前都是尽量少报道有关党的负面消息，腐败官员被免职、被判刑，从此永远从公众视野中消失。而如今情况不同了，记者们可以报道有关详情。三是道德性。不仅同“中饱私囊”作斗争，也要同形形色色的奢侈和糜烂生活现象作斗争。③

（四）日本媒体对我国反腐败及反腐败立法的评价

1. 日本媒体对我国反腐败现象的评价

日本主要媒体对我国的反腐败现象都有报道，主要集中在《朝日新闻》《外交学者》《日经亚洲评论》等媒体。

《朝日新闻》报道，中央纪委在查处高级官员等方面取得的成就超出了所有专家的预期，取得了超乎期待的成果。但是中国反腐败的脚步并没有停止，更有不断加强的趋势。报道称，中国社会各界对于中国的反腐败所取得的成果给予了极高的评价。④

日本著名媒体《外交学者》发表了一篇题为“中国反腐行动为何必

---

① 刘维靖. 中共反腐成果显著 经验值得世界借鉴［EB/OL］.（2017-07-01）［2023-03-11］. https：//news. cri. cn/20170701/25a2cd40-8b36-7e42-a170-3c322cd1c5eb. html.

② 严瑜. 中国反腐成果令世界惊叹［N］. 人民日报（海外版），2017-06-12.

③ 吴黎明. “反腐败没有碰不得的人”：中国“铁拳反腐”持续获得世界好评［J］. 中国纪检监察，2019（02）：59-60.

④ The Asahi Shimbun. China sentences ex-police chief to death for sinful，cruel murder［EB/OL］.［2023-04-17］ http：//www. asahi. com/ajw/articles/AJ201611110044. html.

将成功”的报道。报道称，中国领导人严格认真反腐的态度值得各国学习，中国的反腐败行动对纪律检查制度进行全新的改革，重点在于建立更为自主的、力度更大的纪检制度。报道认为，现在有理由相信，中国领导人对于反腐持严肃认真的态度，反腐事业必将取得成功。①

《外交学者》发表文章称，中国的反腐不会也不应该停止，习近平的强硬态度表明反腐运动是长期的。如果停止反腐，“老虎”和“苍蝇”就会卷土重来，所取得的成果也会付诸东流。文章还提到，反腐行动不仅仅止于惩治腐败，还是为了重构政治结构，反腐得到党员和普通群众的大力支持，民众反响积极。②

《外交学者》网站刊文指出，反腐行动将对中国经济的长期增长有利。具体地，反腐行动可以给中国的经济增长带来三个好处：一是增加老百姓的福利，二是有利于建设更加健康的市场经济，三是可以帮助中国避开“增长陷阱”。③

《朝日新闻》发表文章称，自中共十八大以来，中国发出了严厉打击贪污腐败的信号，提出不允许腐败分子在党内有立足之地，要将反腐败斗争进行到底。并且反腐败行动已经获得了人民的广泛支持，习主席在加强反腐败力度的同时，还对党内人员的作风问题加大了整顿力度。④

《朝日新闻》对十八届中共中央纪委七次全会上习近平主席的反腐败言论也进行了评价，称习近平主席在会议上强调中国反腐败的力度不会减弱，反腐败的态度也不会改变，中国要以坚定的信心赢得

① The Diplomat. China’s subtle but significant attitude change on monetary policy [EB/OL]. [2023-04-14] http://thediplomat.com/2016/03/chinas-subtle-but-significant-attitude-change-on-monetary-policy/.

② 柯岩：“中国领导人对于反腐持严肃认真的态度”：外国政要和媒体眼中的习近平[N]. 学习时报，2015-12-21（03）.

③ 柯岩：“中国领导人对于反腐持严肃认真的态度”：外国政要和媒体眼中的习近平[N]. 学习时报，2015-12-21（03）.

④ The Asahi Shimbun. Xi personifies populism with Chinese characteristics [EB/OL]. [2023-04-14]. http://www.asahi.com/2015/10/chinas-subtle-but-significant-attitude-change-on-monetary-policy/.

这场战争，这表明了中国最高领导层反腐败的决心。①

日本媒体对我国反腐败现象的评价，大多数集中在对中国反腐败已经取得的成果以及一直以来惩治腐败的决心。多数报道对我国自反腐败行动开展以来被处罚官员的数量以及高层官员的数量进行了统计和分析。总体上来讲，日本媒体对我国反腐败现象进行了积极的评价，认为我国反腐败的态度十分坚定。

2. 日本媒体对我国反腐败立法的评价

日本媒体对我国反腐败立法的评价主要集中在三个方面：第一，对我国开展的“猎狐”行动进行了分析评价；第二，对我国 APEC 会议上提出的《北京反腐败宣言》中建立国际反腐败合作机构的评价；第三，对我国建立国家监察委员会的评价。

日本《外交学者》对我国开展的“猎狐”国际追逃追赃的行动进行了报道，认为这是中国反腐败行动的重要措施。其援引的公安部公布的数据称，中国自该行动开展以来，已经从全世界 56 个国家抓获外逃官员 288 人，这表明中国反腐败行为不仅仅是国内的问题，国际反腐追逃追赃也成为中国反腐败的重要组成部分。《日经亚洲评论》对《北京反腐败宣言》中提出的国际反腐败合作的新手段和设立新的合作机构进行了报道。报道称《北京反腐败宣言》中各方承诺的引渡、司法协助以及资金追回等措施大大加强了中国反腐败国际化的进程，极大地提高了追逃海外赃款的力度。《北京反腐败宣言》企图建立的新的执法机构极大地解决了中国在引渡外逃官员中存在的问题，中国企图通过这个机构的建立来消除中国在反腐败国际化方面的问题，这也是中国反腐败寻求国际合作的又一大举措。

《朝日新闻》发布题为《中国成立反腐新机构》的文章称，中国将建立和国务院级别相同的专门的反腐败机构，对国家各级政府以

① The Asahi Shimbun. China's anti-corruption campaign will gradually take effect [EB/OL]. [2023-04-14]. http://www.asahi.com/2016/11/.

及工作人员进行严格的监督。[①] 报道称中国领导人在腐败问题上危机意识十分强烈，担心腐败问题的不断恶化会造成共产党执政地位的动摇。在此前的反腐败行动中，反腐败的主要方式是中央纪委查处和巡视组查处相结合，但是这两种方式都有自己的局限性。中央纪委从理论上讲只能对党内成员的腐败行为进行查处，而巡视组巡查更是临时性的反腐措施，这并不能完全适应中国全面反腐的需要，中国共产党希望的是有一个专门对此负责的机构。报道还称新设立的监察委员会的监察对象是所有公务人员，包括了官员在内的非党员人士。

日本《产经新闻》报道称中共十八届中央纪委第七次全会召开，会议通过了以监督纪律检查机构为主要目的的《中国共产党纪律检查机关监督执纪工作规则（试行）》，并且在会议上还提出了要制定国家监察法和建立国家监察委员会，推进反腐败的制度化建设。[②] 2016 年底，中国开始在北京、山西以及浙江三省开展监察体制改革试点，在试点范围内的省市县设立监察委员会对国家工作人员进行监督。国家监察委员会的目的在于加强党内监督以及扩大监察的覆盖范围，逐步实现共产党提出的让官员不敢腐和不能腐的目标。

日本《外交学者》有报道称：中国共产党的反腐运动必定会走向成功。在习近平出任中华人民共和国主席的时候，并没有人真正预见到中国政府的反腐力度会如此之大，尤其是西方的媒体。随着反腐运动的逐渐展开，即使是基层政府的部分官员也暴露出贪污受贿等问题。因此，当前打击腐败的行动，对于中国政府以及中国共产党而言至关重要，并且有利于建立一个新型的管理体系。[③]

日本《外交学者》也刊文称，在习近平担任最高领导人的 5 年

① The Asahi Shimbun. China veterans protests for pensions pose test for leaders [EB/OL]. [2023-05-02]. http://www.asahi.com/ajw/articles/AJ201610170047.html.

② Sankei Shimbun. China's Xi builds power base of trusted friends, associates [EB/OL]. [2023-05-02]. hhp://www.sankei.com//magazine/20170406/Politics-Economy/.

③ 郭河驹. 中国反腐败赢得国际社会积极评价 [J]. 中国纪检监察, 2015 (01): 56-57.

里，中国取得令人称赞的进步，成为名副其实的全球力量。习近平将反腐作为改善国家治理的一大支柱，反腐行动不断加码。中国人和来到中国的外国人早已认识到，腐败不再得到容忍。反腐让习近平在国内受到巨大欢迎，在国外也得到认可。①

日本《日经亚洲评论》网站发文表示，习近平领导的大规模反腐行动已经取得了显著的成果，在政府、国企和党组织内都揪出了大量腐败人员，高层腐败人员的落马显示了中国政府反腐的决心和力度。②

2016 年中国两会召开期间，日本《日经亚洲评论》网站就刊文称，两份“两高”报告证实，中国的反腐行动取得了“破纪录”的成果。以 2015 年为例，8200 余名官员因收受贿赂被调查，与 2014 年被调查人数相比上升了 5%。在被调查的官员中，41 人为省部级以上干部，比 2014 年增加了 13 人。该媒体认为，大量高级干部的落马显示了中国反腐的决心和力度，众多迹象表明，习近平领导的大规模反腐行动已经取得显著成绩。③

《日本经济新闻》曾就公安部原副部长孟宏伟被调查一事评论道，这“鲜明体现出中国政府严格反腐的姿态”；《日经亚洲评论》对此则感叹：“即使担任国际组织领导人也无法置身于中国的反腐败行动之外。”④ “巩固发展反腐败斗争压倒性胜利。”这是《日本经济新闻》在中国两会闭幕后发表的长篇报道的关键语句，指出“中国政府表现出反腐不放松的姿态”。⑤

---

① 严瑜. 中国反腐成果令世界惊叹［N］. 人民日报（海外版），2017-06-12.

② 刘维靖. 中共反腐成果显著 经验值得世界借鉴［EB/OL］.（2017-07-01）［2023-03-11］. https：//news. cri. cn/20170701/25a2cd40-8b36-7e42-a170-3c322cd1c5eb. html.

③ 严瑜. 中国反腐成果令世界惊叹［N］. 人民日报（海外版），2017-06-12.

④ 吴黎明. “反腐败没有碰不得的人”：中国“铁拳反腐”持续获得世界好评［J］. 中国纪检监察，2019（02）：59-60.

⑤ 吴黎明. “反腐败没有碰不得的人”：中国“铁拳反腐”持续获得世界好评［J］. 中国纪检监察，2019（02）：59-60.

《日经亚洲评论》指出，2019 年的会议公报把打击金融腐败、贪污贿赂、滥用职权、玩忽职守等现象列为工作重点。[①]《日本经济新闻》报道称，中共将有力削减存量、有效遏制增量，巩固发展反腐败斗争压倒性胜利。[②]

（五）德国媒体对我国反腐败及反腐败立法的评价

1. 德国媒体对我国反腐败现象的评价

德国媒体对我国反腐败的报道不多，但是对我国反腐败态度以及所采取的重要的追逃追赃行动进行了较详细的评价。

《法兰克福报》对中国腐败现象的危害发表评论称，中国的反腐败行动是中国领导人重新凝聚人心的大事，伴随着中国经济增速的放缓，腐败却慢慢地成为中下阶层难以承受的负担，也成为千里之堤的蚁穴，虽然现在没有给中国的社会经济带来毁灭性的灾难，但是也不可忽视。中国共产党早在十一届三中全会就提出反腐败的问题，党的十五大将反腐败工作提升到党的重大政治任务的层次，尤其是十八大以来，将反腐败与党的生死存亡联系到一起。把反腐败工作看得越来越重，也充分反映了中国领导人已经意识到腐败问题是很严重的，并且需要尽快解决。[③]

《南德意志报》报道称，习近平自 1974 年加入中国共产党后基本上担任过任何级别的领导职务，却从未在他身上出现过甚至涉及

① 吴黎明．“反腐败没有碰不得的人”：中国“铁拳反腐”持续获得世界好评［J］．中国纪检监察，2019（02）：59-60．

② 吴黎明．2019 中国正风反腐的世界回响［J］．中国纪检监察，2020（01）：38-39．

③ Sddeutsche Zeitung. The influence of corruption on economic development［EB/OL］．［2023-05-11］．http：//www. fr. de/wirtschaft/konjunktur-griechenland-meldet-kraeftigen-primaeruebersch uss-a-1285121．

他腐败问题的丑闻，这是十分令人震惊的。① 这充分说明了《南德意志报》对习近平主席开展反腐败行动的坚定决心以及习近平主席自身在反腐败过程中洁身自好的肯定。

“德国之声”注意到中央纪委的反腐倡廉“新招”——AR 动漫劝诫做法。其报道称，中央纪委以年轻人喜爱的 AR 动漫形式来宣传诸如“整治形式主义官僚主义”这样严肃的“中央精神”，就更让人感到中共的“与时俱进”。②

德国媒体认为腐败已经成为我国经济发展的主要障碍，中共领导人也逐渐认识到了腐败的严重性，认为中国领导人有从自身做起将反腐败进行到底的坚定决心。

2. 德国媒体对我国反腐败立法机构的评价

“德国之声”电台称，虽然中国的反腐运动在当前取得了一些成绩，但是目前中国却无法集中反腐的资源，从而无法形成独立、统一的监察职能。而且机构职能上的重叠，使得效率和权威性有所降低并且行政成本较高。

《南德意志报》指出，中国领导人正在计划设置新的腐败监督机构对公务员队伍进行清理。文章称国家监察委员会有权对政府任何官员的贪污渎职行为进行审问和拘留，在特殊情况下有权给予处分。文章评论称，把政府的监察部门和检察机关进行合并，能够提高监督职能，提升反腐效果。

德国媒体认为我国现阶段反腐败存在着一定的反腐资源浪费的问题，反腐败资源不能被有效利用。我国正在不断完善反腐败机构的设置，德国《南德意志报》等媒体的报道评价为这一完善提供了独特视角。

---

① 腾讯新闻. 外国政要和媒体眼中的习近平［EB/OL］.（2015-12-28）［2023-04-22］. http：//news. qq. com/a/20151228/051429. html.

② 吴黎明. “反腐败没有碰不得的人”：中国“铁拳反腐”持续获得世界好评［J］. 中国纪检监察，2019（02）：59-60.

（六）东盟国家媒体对我国反腐败及反腐败立法的评价

1. 东盟国家媒体对我国反腐败现象的评价

新加坡媒体对中国反腐败及反腐败立法的评价报道都集中在《联合早报》上面，其他媒体对我国的报道寥寥无几。《联合早报》对中国共产党领导人的反腐败态度、反腐败取得的效果、反腐败的措施和作用等进行了评价。

在中国领导人反腐败态度方面。《联合早报》评论称，习近平在反腐败的态度上没有理论上的空话，而是在官员的腐败行为面前采取更加严厉的反腐措施，这样的实际举动更容易获得社会群众的支持。

《联合早报》在发表的《“大老虎”落马不会比去年少，中国今年要加强反腐力度》一文中也对我国反腐败的坚定态度进行了评价，称中共领导人在这场坚决的反腐败背后有着更深层次的目的，那就是营造一个更加健康的政治环境，而营造这种健康的政治生态环境有利于重塑社会群众对共产党的执政信心和支持。① 报道还称，反腐败行动也是中共打击贪腐官员、赢得民众信心最有效的方式之一，因此，反腐败工作的推进将会是习近平重点改革目标之一。《联合早报》对习近平提出的反腐败“四不”思想进行了评价。② 其认为“四不”思想的提出进一步展现了习近平将反腐败进行到底的坚定决心，中国将继续开展高压的反腐败行动，反腐的目的也不再是将焦点放在“大老虎”的查处上，而是要做到“老虎”“苍蝇”一起打，更是要将重点放到腐败的预防问题上。

---

① 联合早报.“大老虎”落马不会比去年少，中国今年要加强反腐力度［EB/OL］.［2023-05-13］. http：//www. zaobao. com/special/report/politic/cnpol/story20150102-430596.

② 联合早报. 习近平强调反腐要“四不”［EB/OL］.［2023-04-27］. http：//www. zaobao. com/special/report/politic/cnpol/story20150113-434541.

在反腐败行动的作用方面。《联合早报》引用了习近平主席“反腐败斗争形势依然严峻”的文章，[①] 对此评论称，虽然中国腐败现象相对较为严重，但是中国如果能够建立起有效的“惩戒”“防范”以及“保障机制”，基本上就能取得这场反腐败斗争的胜利，从而化解共产党所面临的风险。

在中央纪委反腐败方面。《联合早报》认为，中共中央纪委作为中国共产党反腐败的主要机构，一直保持着几分神秘色彩，国外对于中央纪委反腐败的程序及其组成机构所知甚少。但是中央纪委国家监委网站的开通揭开了中央纪委神秘的面纱。[②]《联合早报》认为这有利于塑造中央纪委公开反腐、依法反腐的正面形象。《联合早报》还对某些中央纪委官员的工作意识进行了评价，称少数官员监督意识不足、自身责任并不明确增加了工作开展的难度，并对湖南、广东等省份纪委书记被问责的案件表示认同。[③]

缅甸《7 日新闻》对中国既严格反腐又注重预防腐败的态度大加赞赏。《7 日新闻》对中国反腐败由运动反腐和权力反腐向制度反腐的转变历程进行了回顾，评论称中国应当按照自己的步伐推进反腐败进程，以适合中国国情的方式进行反腐败斗争。报道还称，中国领导人提出了制度、监督、纠风等惩治与预防为一体的方案，提升了反腐败的高度。

泰国《曼谷邮报》对习近平主席提出的打击腐败决不能松懈，“老虎”“苍蝇”一起打的观点评论称，习近平主席这个言论的出台

① 外媒：中国将设新的反腐败机构监管所有公务员［EB/OL］.［2023-04-27］. http：//news. youth. cn/gn/201611/t20161110_ 8833214. html.

② 联合早报. 中纪委反驳选择性反腐［EB/OL］.［2023-04-27］. http：//www. zaobao. com/special/report/politic/cnpol/story20150113-434541.

③ 联合早报. 中纪委反腐向自身“开刀”［EB/OL］.［2023-04-27］. http：//ed-china. stnn. cc/China/2014/0511/94910. shtml.

可能会导致更多腐败官员受到处罚。[①]

马来西亚《新海峡时报》在发表的《为何中国看上去正在赢得反腐斗争》一文中称，当习近平主席开启反腐努力之后，并没有将反腐交给从属机构。该报评论称，最好的反腐机构和最精干的人员、最好的资金支持以及最新的技术配备都取代不了来自最高层的政治决心。[②]

东盟国家主流媒体对中国反腐败的评价大多是肯定性评价，认为中国领导人有将反腐败行动进行到底的决心。尤其是泰国《民族报》对少数西方观察者认为中国领导人反腐败是为了维护自身政权统治的错误观点进行了反驳，称中国反腐败行动是中国领导人维护中国社会经济发展的要求，反腐是中国持续繁荣不可或缺的前提。[③]

2. 东盟国家媒体对我国反腐败立法的评价

2016年，新加坡《联合早报》发文对中共十八届六中全会的会议决定进行了报道，认为中国腐败现象相对较为严重可能与官员组织思想涣散有关，六中全会对如何规范党员、保障党员基本权利方面进行了详细的规定，这能够较好地解决党员思想涣散的问题。[④] 报道还称，在制度建设方面，会议通过了党内制度反腐的“两根支柱”，即《关于新形势下党内政治生活的若干准则》和《中国共产党党内监督条例》，彻底落实好制度笼子的建设，才能实现不敢腐向不能腐的转变。郑永年在接受《联合早报》采访时称，中国反腐败行动开展至今，中国的反腐败制度建设也在持续推进中，以中央纪委为核

① Bangkok Post. Scepticism over corrupt China minister's punishment [EB/OL]. [2023-04-11]. http://www.bangkokpost.com/archive/scepticism-over-corrupt-china-minister-punishment/359374.

② 柯岩．“中国领导人对于反腐持严肃认真的态度”：外国政要和媒体眼中的习近平[N]. 学习时报，2015-12-21 (03).

③ 柯岩．“中国领导人对于反腐持严肃认真的态度”：外国政要和媒体眼中的习近平[N]. 学习时报，2015-12-21 (03).

④ 观察者．外媒热议十八届六中全会：中共历史里程碑明确党的新核心[EB/OL]. [2023-03-21]. http://www.guancha.cn/politics/2016_10_30_378856.shtml.

心，多部门联合反腐的反腐败体系已初见雏形，很好地解决了以前反腐败过程中权力过于分散的问题。①

《联合早报》网站2019年1月11日下午报道中国共产党第十九届中央纪律检查委员会第三次全体会议的消息，标题是《习近平：一体推进不敢腐、不能腐、不想腐》，转引习近平在会议上的讲话。该网站1月12日播发报道《要巩固发展反腐败》，不仅回顾习近平的讲话要点，还援引分析人士对中国反腐成绩的观点。②

《联合早报》此前曾刊文《一路追赶经济变革40年政治改革的变与不变》。文章说，习近平出任中共中央总书记后，以大刀阔斧的反腐作为突破口，也让不少民众重燃对中国共产党的希望。③

《联合早报》网站刊文称，2014年的反腐工作将推向高潮，反腐重点将转向法治与制度反腐，创新反腐体制与机制，并更多地借助老百姓的反腐力量，通过举报、办案的公开透明，多管齐下，内外夹击，使反腐败工作更深入。④

《联合早报》还注意到，中国第六部《反腐倡廉蓝皮书》也于2017年1月在北京发布。该报援引蓝皮书的内容指出，中共全面从严治党深入推进，正风反腐的力度丝毫不减，制度“笼子”越扎越紧。⑤

《联合早报》刊文《金融反腐风暴未了》，文章把2019年称为“金融反腐年”。⑥

《联合早报》网站指出，中共深化集中整治形式主义、官僚主义成果，严肃查处空泛表态、应景造势、敷衍塞责、出工不出力等问题。⑦

---

① 联合早报. 郑永年：反腐败与中国共产党的未来［EB/OL］.［2023-04-21］. http：//ed-china. stnn. cc/China/2014/0511/94910. shtml.

② 陆致远. 外国专家和媒体关注中国反腐进程［N］. 中国纪检监察报，2019-01-13.

③ 陆致远. 外国专家和媒体关注中国反腐进程［N］. 中国纪检监察报，2019-01-13.

④ 郭河驹. 中国反腐败赢得国际社会积极评价［J］. 中国纪检监察，2015（01）：56-57.

⑤ 严瑜. 中国反腐成果令世界惊叹［N］. 人民日报（海外版），2017-06-12.

⑥ 吴黎明. 2019中国正风反腐的世界回响［J］. 中国纪检监察，2020（01）：38-39.

⑦ 吴黎明. 2019中国正风反腐的世界回响［J］. 中国纪检监察，2020（01）：38-39.

《联合早报》评论指出，云南省委原书记秦光荣主动投案。官方在中共十九届四中全会前宣布逮捕秦光荣，意在展示高压反腐的决心不会动摇，同时也显示涉案官员即使主动投案，也未必能获得“免审牌”。①

《联合早报》刊文指出，过去40年里，中共的政策和路线符合民心和国情，因而在民调中的支持率高于世界上大多数民选政府。“全面从严治党”的实质是提升党的状态，使之更符合高标准和高期待。在反腐上，中共的力度在世界各国执政党中最大、最持久。②

马来西亚《新海峡时报》对习近平提出的“三位一体”的反腐体系进行评价，称大力“打老虎”和引入公众监督加快了中国不敢腐、不能腐和不易腐的惩治和预防腐败机构的建立。中共十八大召开以来，反腐败的力度之大是前所未有的。中央纪委举报网站的开通表明中国领导层在反腐败过程中吸取公众信息，对反腐败力量进行整合，建立起了更加严格合理的反腐败构架，也向域外传达了更好的中国反腐败形象。③

马来西亚《新海峡时报》和泰国《民族报》对我国反腐败体系建设和反腐新机构设立的作用和意义都进行了报道和评价，对我国反腐败新措施表示了肯定。稍显遗憾的是东南亚国家媒体报道涉及我国反腐败立法的内容较少，仅有的报道也都集中在对我国“三位一体”反腐败体系的建设和三个地区试点设立监察委员会两个方面。

泰国《民族报》对我国在北京、山西、浙江三个地区开展的监察体制改革设立监察委员会的决定进行了报道。报道称，中国监察委员会的设立在试点之后可能会在全国范围内实施，监察委员会的设

① 吴黎明．2019中国正风反腐的世界回响［J］．中国纪检监察，2020（01）：38-39.

② 吴黎明．2019中国正风反腐的世界回响［J］．中国纪检监察，2020（01）：38-39.

③ New Straits Times. China graft agency investigates stock regulator［EB/OL］.［2023-01-23］. https：//www. nst. com. my/news/2015/09/china-graft-agency-investigates-stock-regulator.

立可以对反腐资源进行整合，加大对公职人员的监察覆盖范围。①

泰国《民族报》称，中国在习近平主席的领导下，正进行其现代史上规模最大的反腐运动。某些西方人迫不及待地声称此举具有政治动机，事实并非如此。中国现任领导人确实非常关注已渗透至社会所有层面的猖獗贪腐现象，该问题已影响到中共执政。中国的领导人正认真地构建法治社会并切实反腐，在某种程度上是确保中共继续执政，但也是确保中国及其民众的福祉。②

（七）非洲国家媒体对我国反腐败及反腐败立法的评价

1. 非洲国家媒体对我国反腐败现象的评价

南非《邮卫报》表示，腐败是中共十八大重点讨论的议题之一，这与南非的国情十分相似，并称希望非洲国家的领导人也能像中国领导人一样提出新的解决腐败问题的措施。南非《邮卫报》另一篇报道指出，中共十八届三中全会通过的《关于全面深化改革若干重大问题的决定》强调继续加强党员作风建设，厉行节约、反对浪费，这也反映了中共十八大以来中国政府反对浪费和奢靡之风的决心，没有显现出任何要弱化的迹象。③

南非独立在线新闻网站刊发题为《非洲可以从中国学到很多》的文章，文章认为非洲必须对反腐特别关注，并将所有资源重新指向脱贫之战，要向中国反腐取经。而向中国学习，成为许多发展中国家媒体的共同心声。④

---

① The Nation. China's anti-corruption institutions are constantly innovating [EB/OL]. [2023-01-23]. http://www.nationmultimedia.com/news/business/3031272.

② 郭河驹. 中国反腐败赢得国际社会积极评价［J］. 中国纪检监察，2015（01）：56-57.

③ 中央纪委国家监委. 十八大以后外国媒体看中国系列报道（三）［EB/OL］.（2013-08-20）［2023-04-23］. http://www.ccdi.gov.cn/lswh/hwgc/201307/t20130724_121766.html.

④ 吴黎明. 2019 中国正风反腐的世界回响［J］. 中国纪检监察，2020（01）：38-39.

尼日利亚《奥逊州卫报》对中国的反腐败成果感到震惊，并认为尼政府应当像中国政府一样严惩腐败问题。该报指出，尼当前社会问题的绝大部分都是因为腐败问题引起的。但是，尼政府对腐败问题的处理情况让人感到失望。该报认为在惩处腐败问题方面，尼政府应当像中国政府学习，严惩腐败分子。①

津巴布韦《先驱报》以《中国反腐行动“超速前进”》为题发表文章，盛赞中国连续几年坚持“老虎”“苍蝇”一起打的反腐战役并没有随着时间的推移而丧失动力。相反，中国始终保持“高压反腐”态势，在政府层面大力开展反贪污、反受贿的战役。②

津巴布韦《独立者报》对津、中两国的反腐败状况和反腐败措施进行了比较，该报认为，和中国相比，津的腐败现象更加严重。在反腐败的问题上，津政府应当学习中国领导人坚定的反腐败决心和强有力的反腐败措施。③

从有限的资料可以看出：绝大多数非洲国家都十分羡慕中国反腐败法律制度的完善程度。不少非洲国家媒体认为他们国家在反腐败的态度及反腐败的措施上应当向中国学习，吸取中国已经取得的成功的反腐败经验。

2. 非洲国家媒体对我国反腐败立法的评价

加纳《加纳时报》发表文章称，中国计划设立一个新的独立反腐败机构，负责打击根深蒂固的腐败问题。报道称，建立一个国家反腐败机构来监督全国的公务员，反腐运动的最终目标是加强中国共

---

① 中央纪委国家监委网站. 十八大以后外国媒体看中国系列报道（三）［EB/OL］.（2013-08-18）［2023-04-23］. http://www.ccdi.gov.cn/lswhn/hwgc/201307/t20130724_27827.html.

② 严瑜. 中国反腐成果令世界惊叹［N］. 人民日报（海外版），2017-06-12.

③ 中央纪委国家监委网站. 十八大以后外国媒体看中国系列报道（三）［EB/OL］.（2013-08-18）［2023-04-23］. http://www.ccdi.gov.cn/lswhn/hwgc/201307/t20130724_27827.html.

产党的领导。①

卢旺达《新时代报》、尼日利亚《民族报》对中央纪委建立的国际机构——国际合作局进行了评价，认为国际合作局的主要任务是追回赃款，并追回因违法而潜逃域外的中国官员。② 这是中央纪委的一大重要改变，是一个针对贪腐潜逃案件调查而新增设的职能部门。该机构的设立对中国追逃追赃具有重要意义，也是对潜逃腐败分子的极大威慑。

非洲国家对我国反腐败立法的评价不多，仅有的报道也是关于对我国反腐败机构设立的评价。大多数非洲国家的发展落后于我国，非洲国家媒体在对我国反腐败及反腐败立法进行评价时，是基于其基本国情，抱着学习的心态进行的。因此，从态度上来看，大多数非洲国家媒体对我国反腐败及反腐败立法的评价都是积极的；从报道所涉及的内容来看，基本上都是对我国领导人坚定的反腐败决心和具体的反腐败措施进行报道和评价，尤其是对我国反腐败机构设立方面。

（八）法国媒体对我国反腐败及反腐败立法的评价

法国著名政经记者格雷高利·海勒认为，在中共十九大即将召开之际，回顾过去五年里中国共产党治国理政的成绩单，不得不提中国的铁腕反腐。中共十八大之后，中国以前所未有的力度和决心打击腐败、惩治贪官。在这五年里，不论什么人，不论其职务多高，只要触犯了党纪国法，都要受到严肃追究和严厉惩处，一批高级官员因为严重违法违纪落马，多位省部级高官相继被查。腐败不仅会从精神上

① Ghanaian Times. China will set up new anti-corruption institutions [EB/OL]. [2023-04-11]. www. newtimesgh. com/China-s-crackdown-on-corruption institutions.

② 中国新闻网. 国外媒体人眼中的中国两会报道 [EB/OL]. (2013-03-14) [2023-04-11]. http://www. chinanews. com/gn/2013/03-14/4642781. shtml.

动摇一个政党的先进性和一个民族前进的动力，对于经济及社会发展的破坏力也是客观而显而易见的。贪腐会导致资金的不正常流动，影响资源的最优化配置，破坏经济的良性运转。另外，权钱交易会导致任人唯亲，造成不良的社会风气和社会阶层板结化，从而毁掉一个国家的未来。因此，中国共产党的反腐工作不仅仅旨在治党，更是从源头上为中国的经济与社会发展排污去浊。这项工作深得民心，也得到了国际社会的关注和点赞。反腐败是一个世界性的难题，中国的反腐工作之所以成效显著，是因为中国共产党不仅有决心、有力度，还有许多值得借鉴的新思路和新举措。中国不仅有规范的派驻制度、巡视制度，还自上而下倡导“厉行节约、反对浪费”，推动公职人员财产申报，切实让腐败分子无路可走，在全国范围内形成了“不敢腐”的局面。五年来，中国反腐的高压态势始终不变，走上了常态化的道路。与此同时，中国不断扩大反腐范围，不仅仅局限于党政机关，还针对国企开展反腐工作。此外，中国不断与世界上其他国家展开反腐合作，加入多个国际反腐条约，多名逃亡海外的官员落网。2016 年召开的 G20 杭州峰会通过了《二十国集团 2017—2018 年反腐败行动计划》，并决定在北京设立 G20 反腐败追逃追赃研究中心，主要研究外逃目的国有关追逃追赃的法律法规，为反腐败国际合作规则的创建提供智力支持，让世界更加清晰地看到中国反腐的决心。[①]

法国《费加罗报》有报道称，2013 年，“老虎”“苍蝇”一起打等短语在世界主流媒体上流行，现在，“刮骨疗毒、壮士断腕”和“带电高压线”等说法又给世界留下深刻印象。[②]

法国《金融地带》杂志网站的文章称，申报个人海外金融资产的目的看来有两个，一是系列反腐措施的一环，目的是控制官员和国企高管海外隐匿资产趋势，避免这些人在情况不妙时自己或让家人

---

① 法国记者：中国反腐行动让世界惊叹［EB/OL］.（2017－09－30）［2023－04－23］. http：//news. cctv. com/2017/09/30/ARTIXjvp8il8WeFdIV19A5pr170930. shtml.

② 郭河驹. 中国反腐败赢得国际社会积极评价［J］. 中国纪检监察，2015（01）：56-57.

卷款外逃；二是对中国国内资金的外流加以控制，中国仍然是外汇管制国家，政府对资金不经过官方正规渠道而从地下途径大量流失的趋势感到不安。文章认为，此举对反腐会起到一些效果。①

以往中国审判的贪腐官员有不少都在海外购置房产，法国《费加罗报》报道称，随着 2013 年底更多省部级高官因贪腐指控接受调查，习近平主席力推的反腐浪潮势头不减，2014 年初一些反腐制度开始生效，预计会有更多高官东窗事发。②

"中国反腐进入加速阶段"，这是法国《快报》周刊 2018 年 3 月对中国成立国家监委的论断。文章指出，"刚刚成立了一个名为'国家监察委员会'的新机关，主要目标是将反腐扩大至整个公职人员范围……数百万国家公职人员或将进入反腐机构的视野"。③

法国法新社 2019 年 6 月报道了国际刑警组织前主席、中国公安部原副部长孟宏伟一案，孟宏伟在天津举行的庭审中认罪，承认自己收受了 1446 万余元人民币的贿赂。国际刑警组织总部在法国里昂市，因此法新社予以特别关注并不意外。该社报道还指出，孟宏伟是中国反腐中落马的众多党员干部之一。④

（九）西班牙媒体对我国反腐败及反腐败立法的评价

西班牙《对外政策》双月刊曾刊登西班牙记者、亚洲问题专家乔治娜·伊格拉斯的一篇文章。文章说，2012 年 11 月习近平担任中共中央总书记，很快就发起反腐败斗争，要将"老虎""苍蝇"一起

① 杨明，林梦叶，刘德，等. 中国启动海外反腐引外媒关注 个人需报海外资产［N］. 环球时报，2014-01-02.

② 杨明，林梦叶，刘德，等. 中国启动海外反腐引外媒关注 个人需报海外资产［N］. 环球时报，2014-01-02.

③ 吴黎明. "反腐败没有碰不得的人"：中国"铁拳反腐"持续获得世界好评［J］. 中国纪检监察，2019（02）：59-60.

④ 吴黎明. 2019 中国正风反腐的世界回响［J］. 中国纪检监察，2020（01）：38-39.

打，反腐败斗争至今还在持续，迄今已有两位中央军委副主席、数十位将军、数百位高官落马，近百万名党、地方政府和军队的成员受到惩处。①

西班牙《国家报》在习近平于2016年庆祝中国共产党成立95周年大会上发表讲话后称，“如果有官员指望中共声势浩大的反腐行动会逐渐偃旗息鼓，那他就打错了算盘”。该报认为作为全世界成员最多的政党，中共开展反腐行动是其增加人民信任度的重要任务。②

西班牙《国家报》网站指出，中国全新的政治机构——国家监察委员会有利于提高监察效率。③

西班牙中国政策观察网站刊文指出，中国成功的奥秘之一就是，以空前坚定的决心面对腐败的挑战，建立制度性“大坝”以遏制腐败滋生。在这方面，新组建的国家监察委员会进一步提升了反腐能力。④

（十）澳大利亚媒体对我国反腐败及反腐败立法的评价

澳大利亚主流媒体《澳大利亚人报》和《悉尼先驱晨报》都以头版头条的形式，高调报道中澳两国正在联手追缴在澳逃亡的大陆贪官的不义之财。澳大利亚国家广播公司也对此进行了跟踪报道。澳大利亚各大媒体包括国家电视台ABC等都以大篇幅报道了澳中两国的合作，并指出澳大利亚已成为美国和加拿大之外，最受中国贪官欢迎的外逃地。有媒体评论指出，澳大利亚不应该成为中国贪官外逃的天堂。⑤

① 陆致远. 外国专家和媒体关注中国反腐进程［N］. 中国纪检监察报，2019-01-13.

② 严瑜. 中国反腐成果令世界惊叹［N］. 人民日报（海外版），2017-06-12.

③ 吴黎明. “反腐败没有碰不得的人”：中国“铁拳反腐”持续获得世界好评［J］. 中国纪检监察，2019（02）：59-60.

④ 吴黎明. 2019中国正风反腐的世界回响［J］. 中国纪检监察，2020（01）：38-39.

⑤ 郭河驹. 中国反腐败赢得国际社会积极评价［J］. 中国纪检监察，2015（01）：56-57.

（十一）巴西媒体对我国反腐败及反腐败立法的评价

巴西《工商服务报》副总编辑拉沃拉迪说：“拉美国家应该借鉴中国的反腐做法。”拉美民众反腐败的呼声很高，许多政治家在竞选过程中也提出反腐败政策主张，但能够真正落实的不多。以巴西为例，巴西公职人员利用公权力搞腐败的情况很突出，巴西也坚决对此展开斗争，但在司法实践中，多数案件都长期拖延，最后不了了之。中国从政治体制改革的层面入手，作出顶层设计和制度安排，这是一种制度创新，值得学习。①

（十二）乌克兰媒体对我国反腐败及反腐败立法的评价

2013 年 12 月 29 日，中共中央组织部印发《关于进一步做好领导干部报告个人有关事项工作的通知》，要求进一步做好领导干部报告个人有关事项工作，而这中间就包括子女移居国（境）外、从业、个人收入、房产、投资等。对于中组部的这项决定，乌克兰《今日报》2013 年 12 月 31 日称，这是中共领导人进一步深化反腐的措施。造假者将不会得到提拔，有严重问题者将被开除，甚至送交司法部门调查。②

（十三）厄瓜多尔媒体对我国反腐败及反腐败立法的评价

厄瓜多尔 Pressenza 国际通讯社报道称，中共二十大报告呼吁对

① 侯露露，于洋，张朋辉，等.“中国反腐道路上的里程碑”：国际人士积极评价中国全国人大通过国家监察法［N］. 人民日报，2018-03-21.

② 杨明，林梦叶，刘德，等. 中国启动海外反腐引外媒关注 个人需报海外资产［N］. 环球时报，2014-01-02.

腐败、官僚主义和形式主义进行坚持不懈的斗争。①

（十四）古巴媒体对我国反腐败及反腐败立法的评价

古巴拉美社称十九届中央纪委三次全会为2019年确立了重点任务，将在新的一年继续加大打击腐败和其他违纪行为的力度。②

二、质疑性评价

英国《金融时报》有报道对我国中央纪委的反腐败方式进行了质疑性评价：中国的中央纪委反腐败方式是依靠党纪而不是法律对腐败分子进行处罚，这种依靠党纪对腐败分子进行处罚的反腐败方式是中国政治利益的产物。

美国有线电视CNN、《波士顿先驱报》以及韩国《东亚日报》等媒体均发表了相似文章，称中国的反腐败行动不仅仅是单纯的反腐败行动。

日本NHK电视台则报道称，中国在新领导人上台后强调严惩腐败和渎职，但是腐败问题依然存在。③

① 肖玉笛，张焕迪，田冰，等. 国际舆论聚焦二十大：从新表述新理念解读中国未来发展［EB/OL］.（2022-10-21）［2023-03-16］. https：//news. sina. com. cn/c/xl/2022-10-22/doc-imqqsmrp3424271. shtml.

② 吴黎明. 2019中国正风反腐的世界回响［J］. 中国纪检监察，2020（01）：38-39.

③ 杨明，林梦叶，刘德，等. 中国启动海外反腐引外媒关注 个人需报海外资产［N］. 环球时报，2014-01-02.

三、质疑性评价依然存在的原因分析

大部分质疑性评价与否定性评价来自西方主流媒体。基于搜集的现有资料，笔者试简要分析一下质疑性评价与否定性评价依然存在的原因。

（一）利益考量决定了西方主流媒体评价立场的不独立、不公正

众所周知，新闻的客观性要求媒体不受各种利益、立场的影响，使新闻报道本身客观化。但作为美、英等国家的主流媒体而言，它们必须考虑其生存等问题，需要与政府及主流思想保持一致，尤其是在报道国际事务时更是如此。因此，这也导致西方主流媒体在报道中国反腐败与反腐败立法时采取质疑和否定的态度、立场。据统计，《纽约时报》报道的倾向性结果中，负面的报道就占据了几乎一半。[①]《华盛顿邮报》《金融时报》等也有类似的情况。

（二）用西方固有思维解读中国反腐败与反腐败立法

一是媒体人喜欢挖掘负面新闻。在美国，甚至整个西方世界，媒体被认为是行使除行政权、立法权、司法权之外的监督权的第四种力量，自带社会监督的功能与使命。加之，美国历史上有“揭丑运动”的传统。因而，在美国主流媒体内，把“坏消息才是好新闻”作为报道准则的记者比比皆是。他们偏爱负面新闻，善于挖掘冲突和不和谐性质的新闻。一些西方媒体报道在评价中国反腐败与反腐败立法

① 刘洋.《纽约时报》关于中国反腐报道的框架研究［D］. 保定：河北大学，2016：39.

时持质疑态度，甚至否定态度，原因之一是偏爱负面新闻的习惯。

二是由于意识形态的对立，尤其是冷战思维的习惯，西方主流媒体从业者的思维中仍然存在对中国人权、法治、透明度等方面的刻板印象。这导致他们往往按照西方固有价值观与思维模式来解读、评价中国反腐败与反腐败立法。

三是西方主流媒体习惯于将外企在中国的行贿行为归因于中国的人情文化，并将涉外行贿案件计入中国的腐败统计。

综上所述，西方媒体评价中国反腐存在一定的意识形态局限性，需要我们从更开放、客观的视角来审视。

第六章　国外各界人士对中国反腐败及反腐败立法评价概览

一、肯定性评价

国外各界不少人士认为，中国共产党反腐败的经验值得其他国家、政党及政府参考、借鉴。①

（一）政府官员的评价

德国下萨克森州州长魏尔称，腐败在世界各地都会发生，德国也不例外。但在世界上，一个中央政府，一个执政党这么彻底、集中力量惩治腐败，他只能举中国这么一个例子。②

津巴布韦基础教育部前部长费琼表示，“中国的反腐可以成为非洲的榜样”。在中国铁腕反腐之后，一些非洲国家媒体开始反思，可以借鉴中国经验，从制度建设出发，让公务人员“不敢腐、不能腐”，同时对民众进行反腐教育，减少他们对“人情”的依赖。③

俄罗斯国际事务委员会总干事安德烈·科尔图诺夫接受塔斯社

---

① 人民网. 全球聚焦“十九大时间”［EB/OL］.（2017-10-27）［2023-03-11］. http：//cpc. people. com. cn/n1/2017/1017/c414305-29592373. html.

② 郭河驹. 中国反腐败赢得国际社会积极评价［J］. 中国纪检监察，2015（01）：56-57.

③ 刘歌，万宇，王迪，等. 中国反腐经验值得借鉴（海外话两会）：国际人士积极评价中国反腐行动［N］. 人民日报，2017-03-16（21）.

采访时说，中共在反腐倡廉方面大破大立，树立了同腐败行为斗争到底的正面形象，受到人民群众的欢迎和拥护。①

（二）智库专家、学界学者的评价

1. 美国

美国库恩基金会主席罗伯特·库恩表示，中国共产党开展的反腐败斗争，加强了对官员权力的制约和监督，提高了党员修养，使之成为道德与诚信的模范，对中国建设文明和谐社会意义重大。②他表示，反腐败行动有助于党的建设，也为社会环境和社会风气好转、商业环境改善提供了支持。③ 他还指出，中国共产党全面从严治党，有助于提高政府的行政效率，维护了国家利益，也激发了中国的市场活力，这对世界来说具有重要影响和借鉴意义。“腐败是一个世界性难题，不管对哪种社会制度和管理体制来说都是阻碍政治清明的‘毒瘤’。”他认为，中国逐步深入推进管党治党，推进制度建设以实现对权力的监督，从根本上解决腐败问题，就像习近平主席所说的“把权力关进制度的笼子里”，从体制机制上保证权力为民众服务，这是一种更大的智慧。④

美国波士顿大学教授约瑟夫·菲尤史密斯在中共十八届六中全会召开后作出这样的判断：“习近平已着手重塑他所认为的党应该有

① 肖玉笛，张焕迪，田冰，等. 国际舆论聚焦二十大：从新表述新理念解读中国未来发展［EB/OL］.（2022-10-21）［2023-03-16］. https：//news. sina. com. cn/c/xl/2022-10-22/doc-imqqsmrp3424271. shtml.

② 储信艳，周盛平，石中玉，等. 坚定反腐决心　经验值得借鉴：国际社会高度评价中国制度反腐取得显著成效［EB/OL］.（2020-01-14）［2023-03-17］. http：//www. xinhuanet. com/world/2020-01/14/c_ 1125462402. htm.

③ 关于新时代中国反腐败斗争，国际社会怎么看？［EB/OL］.（2018-08-21）［2023-04-18］. https：//www. sohu. com/a/249108492_ 617310.

④ 刘歌，万宇，王迪，等. 中国反腐经验值得借鉴（海外话两会）：国际人士积极评价中国反腐行动［N］. 人民日报，2017-03-16（21）.

的样子，一个拥有理想与信念、高度自律的政党。”①

美国政治学者、专栏作家阿尼尔·西格德尔近年来一直关注中国的反腐行动。他说，中国刚刚通过的监察法意义重大。在法治社会，一切行为都要有法可依，通过法律形式将反腐败的实践制度化是进行制度化建设和完善现代治理体系的重要一环，只有通过制度化才能有效持续推进反腐败工作，真正把权力关进制度的笼子里。②

美国乔治·梅森大学媒体与公共事务中心主任塞缪尔·利希特尔认为，中国近年来高度重视国际反腐合作，不仅借此将很多本国腐败的官员抓捕归案，还对国际反腐败事业作出贡献。③

美国圣托马斯大学休斯敦分校教授乔恩·泰勒说，中国监察体制改革是一项全面改革，展现出中国共产党在该领域进行改革的坚定决心。国家监察委员会的成立将反腐与监察工作推上了新高度，符合中国政府提出的深化监察体制改革的目标。④

美国伊利诺伊理工大学斯图尔特商学院教授哈伊里·图尔克说，中国设立了国家监察委员会，加强了法律的执行力度。“国家监察体制改革让一些棘手的问题得到了解决，显示了中国领导人的勇气，这是一个了不起的成就。”⑤

美国纽约大学法学院教授、美国对外关系委员会亚洲研究兼任资深研究员孔杰荣也认为，“事实证明习近平的努力更认真、更持久”。⑥

---

① 严瑜. 中国反腐成果令世界惊叹［N］. 人民日报（海外版），2017-06-12.

② 侯露露，于洋，张朋辉，等.“中国反腐道路上的里程碑”：国际人士积极评价中国全国人大通过国家监察法［N］. 人民日报，2018-03-21.

③ 关于新时代中国反腐败斗争，国际社会怎么看？［EB/OL］.（2018-08-21）［2023-04-18］. https：//www. sohu. com/a/249108492_ 617310.

④ 高路，徐静，苗壮，等. 强化反腐机制释放治理效能：国际社会积极评价中国深化监察体制改革［EB/OL］.（2019-03-12）［2023-04-18］. http：//www. xinhuanet. com/politics/2019lh/2019-03/12/c_ 1124227183. htm.

⑤ 高路，徐静，苗壮，等. 强化反腐机制释放治理效能：国际社会积极评价中国深化监察体制改革［EB/OL］.（2019-03-12）［2023-04-18］. http：//www. xinhuanet. com/politics/2019lh/2019-03/12/c_ 1124227183. htm.

⑥ 关于新时代中国反腐败斗争，国际社会怎么看？［EB/OL］.（2018-08-21）［2023-03-14］. https：//www. sohu. com/a/249108492_ 617310.

伍德罗·威尔逊中心公共政策学者罗斯·特里尔也认为，此次反腐已经超越了以往传统的政治运动形式：第一，反腐败并没有表现为民粹主义式的群众运动；第二，此次反腐运动是在法治框架下进行；第三，此次反腐的指向也是法治中国建设。①

美国佐治亚州立大学中国经济政治研究中心政治系教授安德鲁·魏德曼表示，从“打虎”到“猎狐”，再到借助 G20 机制联合跨国反腐，显示出中国海外反腐的力度。在这个经济全球化的时代，跨国腐败已经成为世界的主要危害之一，跨国反腐合作变得异常重要。他认为，“中国提出的‘三位一体’反腐格局，体现了中国打击腐败的决心，这种决心和建立在其基础上的各种行动，将会为海外追逃追赃、打击违法和逃税行为创建一个很高的国际标准，这将进一步巩固中国负责任的全球参与者的形象，也将进一步提高中国的国际声誉。更重要的是，中国正在积极地通过 G20 等机制，邀请世界上其他国家参与到中国倡导的反腐行动中来。各国应该更主动、积极地参与进来，共同去除相关壁垒、构建新型合作关系，将全球联合反腐推向新的高度”。②

美国印第安纳大学马卡贝·克利赫和吴新超认为，反腐败斗争比过去更引人注目，更少妥协，更持久。他们在《当代中国的反腐、腐败与政治文化转型》中认为，当前的斗争与过去三十年中的许多其他斗争不同，不是因为它的广泛性，而是因为它与其他两个关键举措的系统耦合：行政改革和纪律监管。这三项举措合在一起，不仅旨在清理当今中国政治生活中普遍存在的渎职、贪污和贿赂行为，还旨在改变政治文化、政治规范、政治行为。他们由三项关键改革得出了中央纪委拥有更大自主权的结论：一是增加纪检监察办公室的数量，

① 关于新时代中国反腐败斗争，国际社会怎么看？［EB/OL］.（2018-08-21）［2023-03-14］. https：//www. sohu. com/a/249108492_ 617310.

② 焦翔，周�，张志文，等. 聚焦 G20 杭州峰会：跨国反腐，国际合作跃上新高度［N］. 人民日报，2016-08-26.

由一个团队，而非一个人来监督省部级官员；二是地方纪委负责人由中央纪委任命，向中央汇报，以维护中央对地方的控制；三是中央巡视组向各省、部委发出不定期和未经通知的检查。他们注意到中央制定实施了一系列触发检查程序和纪律处分的措施。这些措施多在十八大之前已实施多年，但 2014 年以来的制度化与规范化澄清了管辖权和操作程序，解决了含糊不清的回避制度与实施漏洞。除了纪检监察制度外，他们认为行政方面的制度化建设，如领导干部任命和晋升的正规化、工资标准化及其结构调整等，也是健全监督体系的主要举措。他们还认为历史上无论是在中国还是在其他地方，成功的反腐败努力都包含了道德层面，即重塑政治规范和实践以符合理想信念的要求。官员的行为是通过道德灌输和仪式遵守而形成的。他们认为，在行政改革上，中央纪委自主权极大增强；在纪律规范上，习近平所实施的严明党规党纪已得到认可。①

美国吉尔佛大学的郭学智在《控制腐败：中纪委》中探索了改革开放以来的中国共产党纪律检查系统。文章指出在十八大之前，纪检系统独立性和反腐败监督机制的缺失是改革开放时期反腐效果收效甚微的根源。他认为，党的十八大以来通过加强中央对地方纪委的领导权，并且通过增派中纪委巡视组的方式，加强了中央对于地方的垂直管理，使监察机制更为有效，很大程度上弥补了地方纪委因缺乏独立性而导致监督无效的漏洞。②

美国杜克大学的墨宁在《严肃对待中国的反腐败》中借鉴了大量关于比较腐败的实证文献，分析了中国的反腐败斗争。她认为，这场斗争与以往的努力有着显著不同。除了持续时间更长、影响范围更广这一最明显的特点外，它还显著地改变了党和政府的激励机制，减

① KELIHER M，WU H. Corruption，anti-corruption，and the transformation of political culture in contemporary China［J］. The Journal of Asian Studies，2016（75）：5-18.

② GUO X Z. Controlling corruption in the Party：China's central discipline inspection commission［J］. The China Quarterly，2014（219）：597-624.

少了腐败分子的晋升机会和反腐败执法的结构性障碍。这些特征促进了反腐败的制度化，增强了反腐败的可信度。[①]

哥伦比亚大学的杰姆·多扬注意到反腐败斗争政治话语中的道德要素。他认为，“在道德上保持模范”在与反腐败斗争平行的群众路线活动中尤为明显，其官方目标是提醒干部与群众的根本联系，让政府更容易接近公众并根除形式主义、官僚作风等。这场斗争的官方结果在简化行政管理和全面打击干部铺张浪费方面令人印象深刻。除此之外，他还观察到反腐败斗争的道德化倾向在党政领导干部提拔任用中更为明显。新的干部晋升条例强调领导干部“以德为先”，以便在晋升制度中预防腐败。在具体的推进形式方面，他注意到反腐败斗争政治话语的道德化，倾向于越来越多地用儒家的术语来描述——通过宣扬中国传统文化，以此来打击腐败，提高公共和私人道德。他总结道，依靠中国古典文献提出某种道德秩序是防止腐败行为的一种方式。[②]

美国约翰·霍普金斯大学国际关系学院的大卫·布玛和诺特丹大学的凯尔·扎布认为中共十八大以来的反腐倡廉、人事重组和机构改革似乎标志着党解决了多种形式的地方主义。他们从省级领导机构的组成中找到了具体证据，证明中央对地方的领导得到加强。他们指出，通过任命外派纪检监察主任和缩短地方党委成员的联合群体任期，即更严格的垂直领导，党中央加大了对各地方集团的根除力度，有效遏制了地方保护主义。[③]

美国加州克莱蒙特·麦肯纳学院政府系教授裴敏欣在《当代中国研究》杂志举办的圆桌讨论中指出，当前的反腐斗争是中国共产党历史上历时最长、强度最高、手段最严、打击面最广的整治内部腐

① MANION M. Taking China's anti-corruption campaign seriously [J]. Economic and Political Studies, 2016 (04): 3-18.

② WRIGHT T. Party and state in Post-Mao China [M]. Cambridge: Polity, 2015: 39-76.

③ BULMAN J B, JAROS K A. Localism in retreat? Central-provincial relations in the Xi Jinping Era [J]. Journal of Contemporary China, 2021 (30: 131): 697-716.

败的行动，把欺压人民、滥用特权、生活腐化的官员送进了监狱，得到了民众的广泛支持。①

美国中央俄克拉荷马大学李小兵等将中国共产党的反腐败斗争总结为三大特点：其一，被查官员的数量多，涉及更多的省份和更广的部门；其二，查处官员更加彻底、级别更高；其三，中央纪委办案效率高，主动性、快速性和透明度远超过去。②

美国阿拉巴马大学的亚当·加齐·特赫拉尼和约翰·杰伊刑事司法学院的亨利·庞特尔将中美两国的腐败犯罪进行比较研究，认为主动执法和创建合规体系总体上提供了更有效的控制犯罪的方法，从而印证了中共十八大以来反腐败斗争中健全监督体系、完善法律法规的科学性。他们还指出努力增加公众对政府预算和决策的了解（即自下向上的透明度）可能在打击腐败方面更为成功。③

美国道尔顿州立学院的郭宝钢注意到，为了使中国的反腐败制度化并扩大对所有公职人员的监督范围，中共成立了一个新的、强大的国家监察委员会。国家监察委员会将与中共中央纪律检查委员会合作，与国务院、最高法院、最高人民检察院的法律地位相一致。国家监委统一了国家反贪局、反渎职办公室和检察院反贪部。新的监察法允许国家监委"对所有行使公共权力的公职人员进行监督，调查滥用公职的违法行为和犯罪行为，努力建立廉洁政府和打击腐败，维护宪法和法律的尊严"。④

布鲁金斯学会的乔纳森、杜克大学的埃德蒙、雪城大学的多米他认为透明度和公众参与有助于减少腐败，提高中国的政策遵从性。他

---

① PEI M X. Assessing Xi Jinping's anti-corruption fight: views from five scholars [J]. Modern China Studies, 2017 (24: 2): 6.

② FANG Q, LI X B. Corruption and anti-corruption in modern China [M]. Lanham, Boulder, New York and London: Rowman and Littlefield, 2018: 213-302.

③ GHAZI-TEHRANI A K, PONTELL H N. Corruption in the United States and China: codes of conduct vs. crackdowns [J]. Crime, Law and Social Change, 2019 (73): 73-92.

④ GUO B G. A partocracy with Chinese Characteristics: Governance System Reform under Xi Jinping [J]. Journal of Contemporary China, 2020 (19: 126): 809-823.

们的分析证明了中国事实上已经实施（或允许其公民实施）了一系列提高透明度和公众参与的机制。党员领导干部关注的重点除了改善治理，还有监督和惩戒地方官员。由此他们建议，为了实现预期结果，改革还需要在更广泛的社会生态系统中进行，其中包括活跃的媒体和强大的民间社会。与此同时，公开的听证会等制度程序提供了在决策过程中听取批评意见的真正机会，包括来自团体和个人的意见。①

美国政治学者伊恩·布雷默在题为《5个事实解释了为什么中国正在超越西方》的评论文章中写道："中共十九大在前不久成功召开，中国国家主席习近平在世界最具影响力的领导人中是无与伦比的。习近平主席发起了大规模的反腐运动，提高了他在中国人民心中的威信。"②

"中国的反腐行动在国际上有很大影响，中国的跨国反腐行动也有很大收获。各国应该开展更多反腐合作，并形成相应的工作机制，联合打击跨国腐败行为。"美国海军学院客座教授保罗·卡姆纳尔表示，腐败侵蚀社会肌体，是全社会的污点，必须严肃对待。③

2. 俄罗斯

俄罗斯科学院远东研究所首席研究员洛马诺夫表示，中国近年来通过"天网行动""猎狐行动"等不断加强国际反腐合作力度，成效显著。中国反腐不只是一场"风暴"，不是处理一批问题干部就结束了，而是让官员在思想认识上实现净化和改变。洛马诺夫对记者表示，G20成员中有18个国家都是《联合国反腐败公约》的成员，建

① STROMSETH J R, MALESKY E J, GUEORGUIEV D D. China's governance puzzle: enabling transparency and participation in a single-party state [M]. NewYork: Cambridge University Press, 2017: 70-135.

② 王少伟，周根山. 为全球反腐贡献中国智慧：写在第14个国际反腐败日来临之际 [N]. 中国纪检监察报，2017-12-09.

③ 刘歌，万宇，王迪，等. 中国反腐经验值得借鉴（海外话两会）：国际人士积极评价中国反腐行动 [N]. 人民日报，2017-03-16 (21).

立世界范围内的反腐败网络，特别是完善阻止腐败分子外逃、追回赃款等机制非常必要。中国的实践和决心可以在G20框架内推动国际反腐合作、建立打击腐败网络。他表示，中国的大型跨国反腐行动引起了国际社会的广泛关注，也为很多国家树立了榜样、提供了经验。跨国反腐可以阻止腐败官员逃避法律制裁，减少经济损失，从更广泛的意义上改善环境、遏制腐败。① 他认为，成立监察委员会意味着中国反腐败斗争进入新阶段——在“打虎拍蝇”的基础上进一步加强监督，将反腐败斗争推向深入，体现了中共领导人的反腐决心：反腐败斗争决不能畏首畏尾。②

俄罗斯科学院远东研究所政治研究与预测中心主任安德烈·维诺格拉多夫表示：“腐败对国家的破坏性极大，中国共产党和政府始终保持高度清醒，并坚决与这种消极的社会现象作长期不妥协的斗争。”③

“俄罗斯之声”电台亚洲问题专家亚历山大·泽连科夫表示：“中国坚决与腐败作斗争，成就有目共睹。中国政府高度重视反腐工作，致力于系统性解决腐败问题，中国已找到适合国情并卓有成效的反腐政策。”④

3. 英国

剑桥大学嘉治商学院的彼得·威廉姆森表示，过去五年的反腐工作是坚决、果断、富有成效的，腐败行为得到有效遏制。⑤

剑桥大学政治和国际研究系教授马丁·雅克认为，中国共产党

---

① 焦翔，周�，张志文，等. 聚焦G20杭州峰会：跨国反腐，国际合作跃上新高度［N］. 人民日报，2016-08-26.

② 吴黎明. “反腐败没有碰不得的人”：中国“铁拳反腐”持续获得世界好评［J］. 中国纪检监察，2019（02）：59-60.

③ 侯露露，于洋，张朋辉，等. “中国反腐道路上的里程碑”：国际人士积极评价中国全国人大通过国家监察法［N］. 人民日报，2018-03-21.

④ 高飞，郝文佳. 顽强坚韧　逆风破浪：世界舆论点赞2020年中国正风反腐［J］. 中国纪检监察，2021（01）：48-49.

⑤ 关于新时代中国反腐败斗争，国际社会怎么看？［EB/OL］.（2018-08-21）［2023-03-14］. https：//www. sohu. com/a/249108492_ 617310.

对反腐败有坚定的决心和严肃态度，这非常重要。在这个意义上，中国也正在为全世界树立一个好的榜样。腐败不仅是中国的问题，世界其他国家也在想办法解决这些问题。他指出，在这个意义上，中国不仅在解决自己国家的难题，而且在解决一个全球性问题。全球合作总是比解决自己国家的问题更加困难，这一点毫不奇怪。但雅克认为，贪官能否被遣返，不仅取决于中国反腐败的决心有多大，也取决于美国、澳大利亚、新西兰、英国等合作国态度是否严肃认真。很重要的一点是，中国要坚定把逃犯遣返回国的决心。当有人在全球化背景下，通过腐败获取了财富然后带着它们逃到国外，把这些人遣送回去是很重要的，他们必须为自己的罪行承担责任。①

伦敦国王学院中国研究所主任克里·布朗在《习近平领导的反腐斗争：别具一格的政治叙事》中综合评估了中共十八大以来反腐败斗争的影响，他认为反腐败斗争符合中国共产党的愿景与使命，回应了当前社会最为关切的公平和效率问题，驳斥了海外视中国反腐败斗争为个人权力斗争的错误观点。他指出，习近平发出了坚定理想信念的号召，中国共产党没有背弃自己的原则，反腐行动所要解决的事情是不公平和低效。②

4. 法国

在世界范围内，面对反腐这样一个全球性难题，中国的成果与经验同样能为各国提供重要借鉴。如法国尼斯欧洲研究所学者乔治·佐戈普鲁斯所言，目前很多国家对如何有效解决腐败问题都一筹莫展，而中国在短短几年内就取得了反腐的重大胜利，着实让世界为之惊叹。③

乔治·佐戈普鲁斯认为，为了不给腐败分子留下任何可乘之机，

① 马丁·雅克. 中国共产党对反腐败有坚定的决心和严肃的态度［EB/OL］.（2015-09-14）［2023-04-19］. https：//www. ccdi. gov. cn/toutiao/201509/t20150914_ 124248. html.

② BROWN K. The anti-corruption struggle in Xi Jinping's China：an alternative political narrative［J］. Asian Affairs，2018（49）：7-8.

③ 严瑜. 中国反腐成果令世界惊叹［N］. 人民日报（海外版），2017-06-12.

中国政府还加大了对逃亡海外的腐败官员的追捕力度。中国加大追逃追赃工作力度释放出一个强烈信号，即要坚决彻底向腐败现象宣战，腐败分子没有任何法外之地。他还认为，腐败是社会毒瘤，严重损害了现代文明社会的公平公正，很多国家正是因为腐败猖獗导致社会缺乏活力，经济缺乏竞争力。在经济全球化的今天，腐败分子很容易利用国际协调的漏洞来实施腐败行为。为了惩治跨国腐败分子，国际社会应该加强反腐合作，不给腐败分子留下空间。而中国政府构建“三位一体”反腐败格局的倡议具有重大现实意义，希望在即将召开的G20杭州峰会上，国际合力反腐能有新的突破，清除腐败分子的“避罪天堂”。①

法国巴黎第八大学教授皮埃尔·皮卡尔认为，中国近年来的反腐败斗争符合人民的期望，取得了显著成果。它提高了社会治理的透明度，有助于促进社会公平正义，并为中国深化改革、实现长期稳定和发展提供保障。中国作为一个世界大国，其在反腐领域的成功经验，可为其他国家提供参考。②

法国巴黎政治学院国际关系专家贝尔特朗·巴迪认为，中国依法治国、依法反腐，有利于消除外界对反腐的疑虑；通过反腐，中国共产党更具有号召力。③

法国国际关系与战略研究院主任研究员、中国问题专家巴泰勒米·库尔蒙认为，“中国未来几年面临反腐败斗争的挑战不小，这也要求反腐败不可能永远处于‘动员’状态，而是需要进行制度建设，从根本上塑造规范、健康、常态化的反腐体系”。中国的监察体制改

① 焦翔，周�，张志文，等. 聚焦G20杭州峰会：跨国反腐，国际合作跃上新高度［N］. 人民日报，2016-08-26.

② 储信艳，周盛平，石中玉，等. 坚定反腐决心　经验值得借鉴：国际社会高度评价中国制度反腐取得显著成效［EB/OL］.（2020-01-14）［2023-04-18］. http：//www. xinhuanet. com/world/2020-01/14/c_ 1125462402. htm.

③ 苑基荣，徐伟，李宁，等. 适应时代要求推进依法治国：国际社会瞩目中国十八届四中全会［N］. 人民日报，2014-12-22（03）.

革是一系列反腐措施的延续，有助于完善反腐制度，是对人民给予的公权力的良好规范和应用，有助于塑造规范、透明的政治气氛和社会环境。①

5. 德国

德国柏林普鲁士协会名誉主席福尔克尔·恰普克说，中国是一个大国，反腐败需要不同寻常的努力与魄力。近年来中国对反腐败工作投入巨大，加强了反腐败制度的设计，强化了对权力的制约和监督，成就令人印象深刻。②

德国杜伊斯堡-埃森大学中国问题研究教授费立民认为，中央纪委网站很好，很专业，内容很丰富充实。开办网站是非常好的行动，在提高透明度上付出了巨大努力，大大方便了人们举报行为不端的官员。这是中央纪委发展过程中一个重要的新趋势。网站承诺并实现了很多功能，而且他相信就方便人们举报官员滥用职权而言，它对于中国政治作出了巨大努力。此外，网站是政府了解人们想法的有力工具。他认为，中国共产党对从严治党切实采取行动非常重要，这是一种进步，效果非常显著，对违法乱纪者立案调查，这些都是党发展的重要进步。③

6. 印度

印度汉学家、尼赫鲁大学教授狄伯杰说，国家监察委员会的设立对中国的反腐败工作意义重大，将有效推动反腐败工作的持续深入

① 侯露露，于洋，张朋辉，等. “中国反腐道路上的里程碑”：国际人士积极评价中国全国人大通过国家监察法［N］. 人民日报，2018-03-21.

② 储信艳，周盛平，石中玉，等. 坚定反腐决心　经验值得借鉴：国际社会高度评价中国制度反腐取得显著成效［EB/OL］.（2020-01-14）［2023-04-18］. http：//www. xinhuanet. com/world/2020-01/14/c_ 1125462402. htm.

③ 老外眼中的中国反腐：中国在解决一个全球性问题［EB/OL］.（2015-09-23）［2023-03-12］. http：//fanfu. people. com. cn/n/2015/0923/c64371-27622300. html.

开展，促使其发挥更大效能。①

印度德里大学政治学系和中文系教授、中印关系专家索菲亚·乔特尔吉表示，习近平在中国共产党第十九次全国代表大会开幕会上所作的报告不但是中国共产党的行动纲领，也应成为国际社会改革发展和反腐的“参考书”，报告中透出的反腐信息，所展现的中国铲除腐败问题的态度和反腐的决心，值得包括印度在内的世界各国仔细揣摩学习。中共十九大报告中提出，“当前，反腐败斗争形势依然严峻复杂，巩固压倒性态势、夺取压倒性胜利的决心必须坚如磐石”。对反腐形势作出判断并明确目标，推进以反腐败为主题的立法是在法治轨道上深化反腐败斗争的迫切需要。十九大报告中提出，“推进反腐败国家立法，建设覆盖纪检监察系统的检举举报平台”。事实上，不仅中国反腐败斗争形势严峻复杂，全世界的反腐局势都是如此，铲除腐败是全球性的课题。特别是印度，印度的腐败问题由来已久。在印度，官僚主义下的官僚腐败十分猖獗，反腐工作总是高高抬起，轻轻放下，总有事是特例，总有人被“赦免”。

他指出，过去几年，印度政府虽然为铲除腐败做了不少工作，出台不少相关法律法规，却事倍功半、效果甚微。与之形成鲜明对比的是中国对腐败问题的打击力度和反腐工作的卓著成效。正如长期以来他对中国所了解的、他来中国期间所见所闻的那样，如今中国正探索出一种对腐败问题强力有效的治理方式。他曾研读过《习近平谈治国理政》等介绍中国思路和中国模式的书籍。在他看来，中国的治国理政理念和措施是值得包括印度在内的世界各国领导人和政府学习借鉴的，特别是其中关于反腐倡廉建设的思考和工作。书中指出，中国反腐败斗争形势依然严峻，是一项长期的、复杂的、艰巨的任务。反腐必须常抓不懈，拒腐防变必须警钟长鸣。习近平表示，要

---

① 高路，徐静，苗壮，等. 强化反腐机制释放治理效能：国际社会积极评价中国深化监察体制改革［EB/OL］.（2019-03-12）［2023-04-18］. http：//www. xinhuanet. com/politics/2019lh/2019-03/12/c_ 1124227183. htm.

把权力关进制度的笼子里，运用历史智慧推进反腐倡廉建设，深入推进党风廉政建设和反腐败斗争。这和中共十九大报告是相互呼应的。五年来，反腐败问题是中国民众非常关心的议题，也是中国共产党和中国政府的重要工作。中国积极推进反腐败国家立法，完善法制，加强法治，深化反腐败工作监察体制改革，健全中国共产党和国家监督体系。中国针对腐败问题下狠心、出重拳，以前所未有的决心和力度整治腐败，“老虎”“苍蝇”一起打。如今，中国共产党党员和政府官员的行为得到进一步规范，中国共产党党内和政府机关的风气为之一新，精气神为之一振。这方面，不但印度应该认真向中国学习，国际社会也应当积极向中国取经。①

7. 日本

日本财团东南亚顾问常・万纳瑞斯认为，原则、机制、行动这三者相互关联，缺一不可。有了明确的政策和原则，机制改革才能有效；而只有以强有力的行动作为基础，机制、改革才具有意义。中国已经有了明确的反腐败原则，相信在“三位一体”反腐败道路上能够取得更大进展。②

日本丽泽大学教授梶田幸雄多年来一直从事中国法的教学与研究工作。他说，公职人员滥用权力、受贿等行为，不仅败坏党和政府的形象、妨碍公务的公正行使，还损害国家利益和公民的合法权益。梶田认为，中国出台监察法，进行监察体制改革，实现对所有行使公权力的公职人员监察全覆盖，有助于未来更有效地打击腐败，也有利于确保社会公正公平，赢得人民群众的信任。③

日中友好协会事务局局长矢崎光晴认为，中共十八届六中全会

---

① 印度专家：十九大报告是国际社会反腐“参考书”［EB/OL］.（2017-10-24）［2023-03-27］. https：//news. cri. cn/20171024/b6373d53-9126-2818-2bc4-c1ad31e8fd30. html.

② 焦翔，周�，张志文，等. 聚焦 G20 杭州峰会：跨国反腐，国际合作跃上新高度［N］. 人民日报，2016-08-26.

③ 侯露露，于洋，张朋辉，等. “中国反腐道路上的里程碑”：国际人士积极评价中国全国人大通过国家监察法［N］. 人民日报，2018-03-21.

审议通过《中国共产党党内监督条例》整肃纲纪，是向反腐制度化、完善法治并最终解决腐败问题迈出的关键一步，具有重要意义。①

8. 欧盟智库

欧盟智库欧亚中心执行主任弗雷泽·卡梅伦认为，习近平在十九大报告中表示要“夺取反腐败斗争压倒性胜利”，这充分反映出中共从严治党的决心和勇气。②

9. 新加坡

新加坡南洋理工大学拉惹勒南国际关系学院高级研究员胡逸山表示，“这是中国改革开放以来最大的反腐力度”。发展中国家普遍面临贪腐的问题，我们看到了中国大刀阔斧铲除贪腐的举动，对各国都有借鉴意义。③

10. 南非

南非沃尔特·西苏鲁大学研究员埃里克·曼贡伊说，中国国家监察体制改革不断深化，各层级、各领域监察部门逐渐完善。这些举措为投资者带来了更好的营商环境。④

南非金山大学经济与商业学院院长詹尼·罗索乌说，多年来，中国政府以严肃态度对待腐败问题，这有助于促进中国在未来取得更大的成就。南非和金砖国家其他成员都应向中国学习反腐经验。⑤

---

① 关于新时代中国反腐败斗争，国际社会怎么看？［EB/OL］.（2018-08-21）［2023-03-14］. https：//www. sohu. com/a/249108492_ 617310.

② 关于新时代中国反腐败斗争，国际社会怎么看？［EB/OL］.（2018-08-21）［2023-03-14］. https：//www. sohu. com/a/249108492_ 617310.

③ 关于新时代中国反腐败斗争，国际社会怎么看？［EB/OL］.（2018-08-21）［2023-03-14］. https：//www. sohu. com/a/249108492_ 617310.

④ 高路，徐静，苗壮，等. 强化反腐机制释放治理效能：国际社会积极评价中国深化监察体制改革［EB/OL］.（2019-03-12）［2023-04-18］. http：//www. xinhuanet. com/politics/2019lh/2019-03/12/c_ 1124227183. htm.

⑤ 储信艳，周盛平，石中玉，等. 坚定反腐决心　经验值得借鉴：国际社会高度评价中国制度反腐取得显著成效［EB/OL］.（2020-01-14）［2023-04-18］. http：//www. xinhuanet. com/world/2020-01/14/c_ 1125462402. htm.

11. 肯尼亚

肯尼亚智库、非洲民主与领导力研究院的丹尼斯·科迪说，中国政府大力反腐、推进依法治国等举措向国内外展现了一个法治、廉政的中国新形象。①

“监察法的通过对于中国进一步反腐是非常重要的。”世界银行前经济学家、肯尼亚学者姆旺吉·瓦吉拉说，过去五年来，中国打击腐败的努力让世人印象深刻。但中国并不满足于取得的成绩，而是继续推进反腐行动向纵深方向发展。在各级成立监察委员会，让反腐败成为日常的工作，这有别于通过暂时的或某个特别委员会对腐败进行惩处的做法，后者随着调查的结束容易再次滋生腐败。②

肯尼亚国际问题专家爱德赫雷·卡文斯说，中国的反腐工作取得显著成果，为非洲地区以及世界提供了宝贵经验，值得学习借鉴。③

12. 西班牙

西班牙巴塞罗那自治大学东亚研究中心主任高遁表示，从经济角度看，腐败是中国的一大威胁。任何影响中国经济的问题都是对世界的威胁。他认为，同样重要的是，党要和普通群众保持紧密联系，向人民解释党正在做的工作，向基层人民提供所有相关信息，如果党在地方层面成功了，地方和中央将形成合力。④他还说：（中国当前）反腐行动非常严肃，并且取得了许多重要成果。党深知如果不树立廉洁观念将失去群众的支持。作为外部观察者，他认为中国所做的一切

① 关于新时代中国反腐败斗争，国际社会怎么看？［EB/OL］.（2018-08-21）［2023-04-18］. https：//www. sohu. com/a/249108492_ 617310.

② 侯露露，于洋，张朋辉，等. “中国反腐道路上的里程碑”：国际人士积极评价中国全国人大通过国家监察法［N］. 人民日报，2018-03-21.

③ 高飞，郝文佳. 顽强坚韧　逆风破浪：世界舆论点赞 2020 年中国正风反腐［J］. 中国纪检监察，2021（01）：48-49.

④ 老外眼中的中国反腐：中国在解决一个全球性问题［EB/OL］.（2015-09-23）［2023-03-12］. http：//fanfu. people. com. cn/n/2015/0923/c64371-27622300. html.

都会影响世界。①

“近年来，中国在反腐领域取得的成绩有目共睹，赢得了广泛的群众支持。”西班牙《环球亚洲》杂志创始人伊万·马涅兹说。他认为，中国的反腐行动并没有结束，还将继续着力构建不敢腐、不能腐、不想腐的长效机制。中国政府敢于直面党风政风中的沉疴痼疾，真抓严管，这种在解决腐败问题上展现的决心和能力令人钦佩。“中国的反腐经验对国际社会有着深远影响。”马涅兹表示，西班牙社会越来越意识到反腐的重要性，西班牙政府对于贪腐的处理也越来越严厉。反腐需要国际合作，西班牙政府愿意敞开怀抱，合作打击政党和行政部门的腐败行为。②

13. 巴基斯坦

巴基斯坦国立科技大学中国研究中心主任哈桑·贾韦德表示，中国共产党近年来以前所未有的气魄，对待腐败零容忍的态度和各项行之有效的举措，坚决、彻底地进行了全面反腐。他认为，跨国反腐是正义之举，也获得了国际社会广泛支持和赞赏，对于各国加强打击腐败具有重要意义。中国提出的“三位一体”反腐格局，有利于推动G20成员携手打击跨国腐败涉案人员，对于各国的发展具有积极而深远的影响，同时有助于更好地维护全球安全。③

巴基斯坦政治和战略分析师苏丹·马哈茂德·哈利认为，中国针对贪腐犯罪制定了严厉的惩治措施，正在高效解决贪腐问题。中国的反腐是全方位的。④

---

① 对话世界政要及专家学者（三）[EB/OL].（2015-09-12）[2023-03-13]. https：//www. ccdi. gov. cn/toutiaon/201509/t20150912_ 91203. html.

② 刘歌，万宇，王迪，等. 中国反腐经验值得借鉴（海外话两会）：国际人士积极评价中国反腐行动［N］. 人民日报，2017-03-16（21）.

③ 焦翔，周�，张志文，等. 聚焦G20杭州峰会：跨国反腐，国际合作跃上新高度［N］. 人民日报，2016-08-26.

④ 储信艳，周盛平，石中玉，等. 坚定反腐决心　经验值得借鉴：国际社会高度评价中国制度反腐取得显著成效［EB/OL］.（2020-01-14）［2023-04-18］. http：//www. xinhuanet. com/world/2020-01/14/c_ 1125462402. htm.

巴基斯坦中国研究中心执行主任菲扎尔·拉赫曼认为，在新时期，中国共产党敢于直面急需解决的问题，为中国和世界提供了远见卓识的“中国方案”。中国共产党还坚决反腐，在加强党的自身能力建设方面保持与时俱进，从而实现自我完善和不断进步，增强了人民的信心。相信在中国共产党的领导下，中国经济、社会将继续取得更大的发展成就，造福中国人民。①

14. 韩国

韩国庆南大学金泰熙指出，腐败加剧了食品安全、环境污染和贫富差距问题，而反腐行动试图根除腐败，除恶务尽，不管涉及任何人，都一查到底。金泰熙认为，与西方国家的反腐模式不同，中共十八大以来的反腐是在中国共产党的统一领导下开展的，力度前所未有，连周永康这样的副国级高官都被查处。②

韩国檀国大学政治外交系教授金珍镐认为，“此次中国出台监察法，使得监察对象的覆盖范围更加广泛，从前分散的各个反腐行政机构的力量得以集中，使得国家监察体系能够更加高效地运转，这将极大增强反腐败工作推进的力度和广度”。反腐是深化改革开放的必然要求，反腐运动将成为中国不断向前发展的强大推动力。③

韩国成均馆大学成均中国研究所所长李熙玉认为，中国国家监察委员会的设立，推动形成了清正廉洁的环境，有助于反腐败方针政策更加高效地得到贯彻落实，对于中国经济持续向好发展具有重要意义。④

---

① 全球聚焦“十九大时间”［EB/OL］.（2017-10-17）［2023-03-19］. http：//cpc.people. com. cn/n1/2017/1017/c414305-29592373. html.

② KIM T S, The characteristics and problems of China's anti-corruption campaign under the leadership of Xi Jinping［J］. Journal of Ethics，2016：96.

③ 侯露露，于洋，张朋辉，等.“中国反腐道路上的里程碑”：国际人士积极评价中国全国人大通过国家监察法［N］. 人民日报，2018-03-21.

④ 高路，徐静，苗壮，等. 强化反腐机制释放治理效能：国际社会积极评价中国深化监察体制改革［EB/OL］.（2019-03-12）［2023-04-18］. http：//www. xinhuanet. com/politics/2019lh/2019-03/12/c_ 1124227183. htm.

15. 刚果（金）

刚果（金）《潜力报》国际新闻部主任开普里恩·卡普库评价说：在过去的五年里，中国取得了许多举世瞩目的成就，这其中，中国的反腐行动高速前进，受到了国际社会的广泛关注。在这几年的反腐工作中，中国共产党以前所未有的力度和决心治党治吏，迅速在全国范围内形成了“不敢腐”的局面。中共中央总书记、国家主席、中央军委主席习近平指出，“要以猛药去疴、重典治乱的决心，以刮骨疗毒、壮士断腕的勇气，坚决把党风廉政建设和反腐败斗争进行到底”。中共十八大以来，中国反腐败工作始终保持高压态势，不论什么人，不论其职务多高，只要触犯了党纪国法，都要受到严肃追究和严厉惩处。一批高级官员因为严重违法违纪纷纷落马，多位省部级高官相继被查。中国政府对腐败“零容忍”的态度清晰而坚定，反腐败工作取得了显著成效，但中国共产党同时认识到反腐败斗争的长期性、复杂性和艰巨性。中国共产党第十八届中央纪律检查委员会第七次全体会议作出了推动制定国家监察法、筹建国家监察委员会、制定深化国家监察体制改革方案的决定。世界上许多国家对如何解决腐败问题一筹莫展，中国反腐工作的制度化、常态化值得许多国家深思和借鉴。在十二届全国人大五次会议上，反腐败问题热度不减，受到了与会代表的广泛讨论。在首场新闻发布会上，大会新闻发言人介绍道，“国家监察体制改革是在以习近平同志为核心的党中央领导下，推进反腐败制度建设的一个大的动作”。中共十九大前夕，有舆论担心，出于稳定的考虑，中国会放缓反腐的节奏。对此，中国政府明确表示，将克服“届末之年反腐败可以收官”的思想，惩治腐败力度决不减弱，零容忍态度决不改变。由此可见，中国不会停下将反腐工作进一步深化的步伐。①

① 海外专家：中国反腐工作的“制度化”值得借鉴［EB/OL］.（2017-09-20）［2023-04-03］. https：//news. cri. cn/2017-09-20/e6734b81-7f86-a57e-2d2d-392593b5ec36. html.

16. 马来西亚

马来西亚马华公会纪委副主任林时清评价说："应该赞赏你们在推动反贪、反腐工作上作出的努力，更难能可贵的是，在协助推动五千年传统文化（传承）的工作上，也作出了巨大的努力。我想中华文化的传承工作是非常重要的，特别是在推动礼义廉耻方面更不能够忽略。我常常也认为国家的强大，是建立在'家和'的基础上的，所以我愿你们继续作出你们最大的努力，为你们的国家继续努力下去。"①

17. 丹麦

丹麦哥本哈根商学院亚洲研究中心主任柏思德评价说："不仅仅是打'苍蝇'和'老虎'，中国反腐的连续性和深刻性令我印象深刻。毫无疑问，这个工作起作用了，公务员和党员按规定行事了。他们已经注意到来自领导人的信号，如果腐败在中国蔓延，会威胁到政治体制。"他认为，公开讨论这些问题很重要，很有意义。它表明，中国共产党愿意倾听外国的意见、想了解其他国家如何对待这个问题，有哪些实践。它表明了愿意学习、愿意改善的态度，这非常重要。这证明了中国共产党是一个有活力的机体、愿意学习的政党，它有光明的未来。②

18. 柬埔寨

在柬埔寨战略研究所主席潘坤看来，中国的反腐败斗争非常成功，众多大案要案相继破获，一大批腐败分子被绳之以法。他说："这是中国推进全面深化改革的必经之路，这项改革也得到了中国广大人民和国际社会的高度赞誉。"③

---

① 老外眼中的中国反腐：中国在解决一个全球性问题［EB/OL］.（2015-09-23）［2023-03-12］. http：//fanfu. people. com. cn/n/2015/0923/c64371-27622300. html.

② 老外眼中的中国反腐：中国在解决一个全球性问题［EB/OL］.（2015-09-23）［2023-03-12］. http：//fanfu. people. com. cn/n/2015/0923/c64371-27622300. html.

③ 焦翔，周�，张志文，等. 聚焦G20杭州峰会：跨国反腐，国际合作跃上新高度［N］. 人民日报，2016-08-26.

19. 厄瓜多尔

厄瓜多尔中央大学教授、社会学家斐尔·金特罗表示，中国共产党对腐败“零容忍”的态度无疑是正确的，中国共产党和中国政府对反腐败工作有耐心、有决心，中国大力度、大规模坚决打击各层面腐败是卓有成效的。他认为中国共产党反腐敢于动真格，这鼓舞了民众信心，有非常重要的教育意义，应该让更多国家、更多人了解、理解和支持中国的反腐败工作。[①]

20. 意大利

意大利国际合作研究所总秘书长詹尼·拉坦齐奥认为，中国在反腐领域取得了积极成果，这种巨大的成就，以及中国正在进行的监察体制改革的经验说明，反腐败斗争必须以系统的方式在各个层面进行。中国强化反腐败行动和推进监察体制改革，也推动了该领域的国际合作。意大利愿同中国拓展司法领域的合作。[②]

21. 墨西哥

墨西哥国立自治大学国际关系中心研究员伊格纳西奥·马丁内斯·科尔特斯说，中国国家监察委员会的成立表明中国反腐机制建设取得关键进展。实践证明，中国行政机构自身治理能力进一步提升，同时推动社会各界力量充分加入监督过程中。[③]

22. 捷克

捷克科学院哲学所全球研究中心主任马雷克·赫鲁贝克认为：“中国深化监察体制改革、制定国家监察法是中国反腐道路上的里程碑，让世界更加清晰地认识到中国有效的制度运作和执政党的反腐决心。”他积极评价中国监察全覆盖的做法，“从很多国家的发展历

① 郭河驹. 中国反腐败赢得国际社会积极评价［J］. 中国纪检监察，2015（01）：56-57.

② 侯露露，于洋，张朋辉，等. “中国反腐道路上的里程碑”：国际人士积极评价中国全国人大通过国家监察法［N］. 人民日报，2018-03-21.

③ 高路，徐静，苗壮，等. 强化反腐机制释放治理效能：国际社会积极评价中国深化监察体制改革［EB/OL］.（2019-03-12）［2023-04-18］. http：//www. xinhuanet. com/politics/2019lh/2019-03/12/c_ 1124227183. htm.

史来看，小蛀虫的危害并不比大蛀虫小。中国这几年反腐败的重要特色之一就是既有高官因腐败被抓，也有众多基层腐败人员被揪出来，这是对整个公务系统进行全方位有效的治理”。①

23. 哈萨克斯坦

哈萨克斯坦阿里-法拉比哈萨克民族大学教授穆萨塔耶夫表示，中国共产党以零容忍的态度惩治腐败，取得了显著成就。②

24. 埃及

埃及阿拉伯科技海运学院教授卡里姆·乌姆达认为，中国在反腐败方面采取的措施是成功的，在这一领域积累了重要经验。这些经验可供阿拉伯和非洲国家借鉴，也将鼓舞他们继续开展反腐败斗争。③

25. 古巴

古巴国际政治研究中心研究员何塞·罗瓦依纳认为，腐败是世界上许多国家发展过程中存在的问题。中国共产党和中国政府致力于反腐斗争，取得了巨大成就，增强了民众信心，值得他国学习与借鉴。④

26. 巴西

巴西瓦加斯基金会研究员罗尼·林斯认为，中国在反腐败上的国际合作值得称道，如在亚太经合组织框架内签署打击跨境腐败协

---

① 侯露露，于洋，张朋辉，等.“中国反腐道路上的里程碑”：国际人士积极评价中国全国人大通过国家监察法［N］. 人民日报，2018-03-21.

② 高飞，郝文佳. 顽强坚韧　逆风破浪：世界舆论点赞2020年中国正风反腐［J］. 中国纪检监察，2021（01）：48-49.

③ 储信艳，周盛平，石中玉，等. 坚定反腐决心　经验值得借鉴：国际社会高度评价中国制度反腐取得显著成效［EB/OL］.（2020-01-14）［2023-03-17］. http：//www. xinhuanet. com/world/2020-01/14/c_ 1125462402. htm.

④ 储信艳，周盛平，石中玉，等. 坚定反腐决心　经验值得借鉴：国际社会高度评价中国制度反腐取得显著成效［EB/OL］.（2020-01-14）［2023-03-17］. http：//www. xinhuanet. com/world/2020-01/14/c_ 1125462402. htm.

议，与澳大利亚、法国等国签署反腐败双边协议。①

巴西瓦加斯基金会国际法学教授埃万德罗·卡瓦略曾作为访问学者，在中国生活过三年，表示自己“目睹了中国反腐所取得的巨大成就”。他认为，过去的几年，中国高举反腐利剑，充分展现自信，有力护航社会和谐稳定发展，“苍蝇老虎一起打”彰显了中国解决腐败问题的决心，展现了不怕“家丑外扬”的自信，在国际上塑造了积极、正直的形象。从长远来看，中国通过打击腐败推动依法治国，使遵纪守法的理念不断深入人心。② 此外，中国深化国家监察体制改革是一项重要创新。国家监察委员会的成立，就是中国以零容忍态度惩治腐败的一个重要表现，有助于继续推进反腐败工作，形成不敢腐、不能腐、不想腐的有效机制。它的成功实践，可以为其他国家提供借鉴。③

巴西坎皮纳斯州立大学金砖项目负责人布鲁诺·孔蒂认为，“中国的反腐是公正的，反腐的对象并不是一些群体，而是面向所有需要监督的人员，是‘无禁区、全覆盖、零容忍’的”。孔蒂认为，中国的反腐败斗争“是一场真正的反腐”，它有利于提升中国的国际形象，也为其他国家的反腐提供了一个很好的学习样本。他指出，巴西存在严重的腐败现象。巴西应该向中国学习，展开一场真正的反腐行动。④

27. 尼泊尔

尼泊尔中国研究中心执行主席巴特拉伊表示，近年来，中国领导

---

① 叶书宏，赵燕燕，陈威华，等. 海外人士热议中共反腐新举措：展示零容忍决心［EB/OL］.（2014-12-09）［2023-05-21］. http://politics.people.com.cn/n/2014/1209/c1001-26176611.html.

② 刘歌，万宇，王迪，等. 中国反腐经验值得借鉴（海外话两会）：国际人士积极评价中国反腐行动［N］. 人民日报，2017-03-16（21）.

③ 高路，徐静，苗壮，等. 强化反腐机制释放治理效能：国际社会积极评价中国深化监察体制改革［EB/OL］.（2019-03-12）［2023-04-18］. http://www.xinhuanet.com/politics/2019lh/2019-03/12/c_1124227183.htm.

④ 刘歌，万宇，王迪，等. 中国反腐经验值得借鉴（海外话两会）：国际人士积极评价中国反腐行动［N］. 人民日报，2017-03-16（21）.

层大力反腐、严肃法纪，从基层到中央建立起完备的反腐体系。中国共产党把党风廉政建设放在突出位置，由此促进整个社会更加风清气正，这将为中国实现“两个一百年”奋斗目标提供强有力的保证。①

28. 塞尔维亚

塞尔维亚国际政治经济研究所“一带一路”地区研究中心主任伊沃娜·拉杰瓦茨说，习近平在中共第十九届中央纪律检查委员会第四次全体会议上的重要讲话展示了中国坚持和完善党和国家监督体系的决心，也表明中国将继续对腐败行为采取零容忍态度。中国的反腐举措已取得成果，但中国不会因此停下反腐的脚步。②

二、质疑性评价

在《将腐败降至最低——在中国是否能成真》一文中，约翰·柯提出中国不进行根本性的改革，仅通过强化反腐机构的作用，是不能有效治理腐败的。③

在《中国药物和医疗设备采购中的腐败》一文中，苏珊·萝丝·艾克曼、亨利·R. 露西认为光靠中国现有的法律来打击腐败是远远不够的，需要继续完善立法，需要根据层出不穷的腐败情况推出相应的法律制度，多向域外的优秀立法典范学习。④

在《腐败还是关系》一文中，雅各布·哈丁从中国的关系文化

① 高飞，郝文佳. 顽强坚韧　逆风破浪：世界舆论点赞2020年中国正风反腐［J］. 中国纪检监察，2021（01）：48-49.

② 储信艳，周盛平，石中玉，等. 坚定反腐决心　经验值得借鉴：国际社会高度评价中国制度反腐取得显著成效［EB/OL］.（2020-01-14）［2023-04-18］. http：//www. xinhuanet. com/world/2020-01/14/c_ 1125462402. htm.

③ QUAH J S T. Minimizing corruption in China：is this an impossible dream?［J］. Maryland Seriesin Contemporary Asian Studies Series，2013：1.

④ ROSE-ACKERMAN S，TAN Y Q. Corruption in the procurement of pharmaceuticals and medical equipment in China［J］. Pacific Basin Law Journal，2015，32：1-2.

出发，对当前的反腐败和立法进行了全面分析。他认为当前中国的反腐败困境在于反腐败的机制、方法不当；反腐败机构冗杂、法律实施效果不够持续。中国的腐败治理随着经济发展和体制改革，发生了巨大变化，但是中国特有的关系文化并没有变，因而反腐败立法应该注意中国特色的关系文化的影响，研究如何用法律手段将这种特有的关系腐败进行规制。①

在《中国阻击腐败使得反腐法律实施更加不透明》一文中，美国俄亥俄州立大学法学院教授周子瞰提出，中国的反腐败越来越重视大案、要案，但是在重大腐败案件发生时，又担心真实具体的案情曝光会导致民众对政府和共产党的不信任，因而在审理腐败案件的过程中，实际上政府会控制案件处理的各个环节，致使所有环节更加不透明，这样也导致了反腐败法实施的不透明。②

在《腐败盛行的中国》一文中，艾米丽·德兰认为，当前中国的反腐运动虽然有效，但是不能持续，因为没有在法律层面进行深入改革。作者建议中国的反腐败法律体系应该最大程度上减少政党干预，发挥法律应有的独立效果。③

在《打老虎拍苍蝇——对习近平的反腐运动评价》一文中，约翰·柯就提出中国当前的反腐败行动治标不治本，具体的改进方式应该从腐败的五大源头下手。④

概括而言，由于社会意识形态的对立，加之对中国国情缺乏全面客观的了解，海外学者的研究存在着偏见甚至错误，应加以纠正与澄

---

① HARDING J. Corruption or guanxi? Differentiating between the legitimate, unethical, and corrupt activities of Chinese government officials [J]. Pacific Basin Law Journal, 2014, 31: 127.

② CHOW D C. How China's crackdown on corruption has led to less transparency in the enforcement of China's anti-bribery laws [J]. University of California Davis, 2014, 49: 685.

③ TRAN E Y. Endemic corruption in the People's Republic of China [J]. San Diego International Law Journal, 2016: 295-328.

④ QUAH J S T. Hunting the corrupt "tigers" and "flies" in China: an evaluation of Xi JinPing's anti-corruption campaign (November 2012 to March 2015) [J]. Maryland Series in Contemporary Asian Studies Series, 2015, 4: 3-5.

清。从刊发情况上看，提供充分论据的学术性批评、质疑类文章较少。

第一，有学者尽管看到了中国反腐败的决心和不懈努力，但仍然怀疑反腐败的真实效能。有学者利用个别高级官员落马来证明中国反腐是“有选择性的反腐”，是派系之间的权力之争，如有研究者在专著中质疑中国反腐败的战略目标，派系斗争和权力争夺被视为中国反腐的主要动因；[①] 政治考量也被认为是反腐败工作推进的根本原因，各项反腐具体措施都是为维护政治合法性服务的。这样的论证有失客观。还有观点认为，反腐是选择性的，旨在清除政敌。这种观点无疑是一种恶意歪曲。明尼苏达大学历史系方强教授提出，“中国选择性反腐败”的观点存在两点缺陷：其一，中国反腐败行动如此全面，已扩展到社会、经济与政治等多领域，因此中国反腐不是选择性的反腐败，不是选择性地只反哪个级别的官员。其二，“选择性反腐败”的倡导者似乎并未关注中国反腐败的紧迫性和必要性。[②]

反腐面前没有“特殊化”，所有涉嫌腐败者均要接受调查且严惩不贷，并未出现选择性地针对某一领域、某一地区或某一级别的官员进行查处的情况。2015 年 9 月，习近平在华盛顿州的演讲中，就中国的反腐问题明确指出：“这其中没有什么权力斗争，没有什么‘纸牌屋’”。[③]

第二，有观点认为反腐影响了经济发展。韩国学者金泰熙也持有类似观点。[④] 这种观点是片面的。反腐固然影响了某些行业的发展，但从长远来看能为经济发展创造更加公平公正的环境，从而有利于

① LOEB J N. Hunting tigers and swatting flies：Xi Jinping's anti-corruption campaign，Austin：University of Texas at Austin，2014.

② FANG Q. Xi Jinping's anti-corruption campaign from a historical perspective [J]. Modern China Studies，2017 (24)：112-138.

③ 中共中央文献研究室. 十八大以来重要文献选编（中）[M]. 北京：中央文献出版社，2016：687.

④ KIM T S. The characteristics and problems of China's anti-corruption campaign under the leadership of Xi Jinping [J]. Journal of Ethics，2016：97.

经济的持续健康发展。美国布鲁金斯学会约翰·桑顿中国中心主任李成指出，腐败减少导致的消费下降相反会有利于中国经济，之前用于公款消费的钱款会用于最初本该投资的项目，从而改善基础设施、公共服务和就业率。更重要的是，反腐行动的成功能增加中国共产党的政治资本，有利于更深入的经济改革，从而提振中国经济。① 反腐有助于促进此类行业转型，向正常健康方向发展。

第三，有观点认为，反腐没有群众参与，只治标不治本。如罗德明认为，中共十八大以来的反腐由中央纪委主导，最大程度减少了群众参与。一旦反腐行动停止，威慑效应能持续多久还是一个疑问。除了中央纪委的角色被强化外，没有进行根除腐败或阻止腐败发生的结构性改革，只是等腐败发生以后才去惩罚。② 这无疑是对中国反腐的一种误解。党的十八大以来的反腐十分注重群众参与。巡视制度就是一种将自上而下的组织监督和自下而上的民主监督相结合的方式，巡视组每到一地都会接受群众来信来访，这也是巡视能够“发现问题、形成震慑”的原因。中央纪委监察部的官方网站上专门设有举报专区，中央国家机关举报网站也开通了举报专区，群众可以通过网络、电话等方式举报。

朱云汉认为，中国这一届领导人大力度“打贪”与“禁奢”，其威慑力量空前，依靠群众是主要原因，每个公民都能通过网络进行举报、监督，从而让贪腐行为和奢侈之风明显收敛。③ 这些看法无疑是对罗德明误解的纠正。

第四，有观点指出，随着“四种形态”的提出，反腐第一阶段已经宣告结束。反腐将更多地瞄准“苍蝇”而不是“老虎”，尤其是

① 李成. 消除对习近平反腐的误解［EB/OL］.（2014-07-19）［2018-03-24］. http：//www. xinhuanet. com/world/2014-07/19/c_ 126772138. htm.

② DITTMER L. Xi Jinping's“New Normal”：quo vadis［J］. Journal of Chinese Political Science，2017（22）：434-435.

③ 朱云汉. 高思在云：中国兴起与全球秩序重组［M］. 北京：中国人民大学出版社，2015：154.

“大老虎”。“四种形态”意味着反腐态度的软化。[①] 这无疑是一种误解，必须澄清。“四种形态”体现了纪严于法、纪在法前、纪法分开的原则。实践证明，党员“破纪”先于“破法”。把纪律和规矩挺在前面，抓早抓小，就能改变要么是“好同志”、要么是“阶下囚”的状况。

第五，有观点认为，要根除腐败，政府必须完全从经济活动中撤出来。这是从西方自由市场经济出发的一种误解。党的十八届三中全会提出要使市场在资源配置中起决定性作用，凡是能由市场配置的都交给市场，政府不进行不当干预，这无疑可以减少腐败。但发挥市场作用和发挥政府作用并不矛盾，政府的宏观调控可以弥补市场失灵。

第六，有观点提到反腐导致了“为官不为”的现象。一些官员对反腐进行消极抵制，出现了不作为的情况。[②] 如狄忠蒲认为，反腐对于中国来说是个两难的选择。一方面，反腐受到民众的欢迎，党的支持度会有所提高，党的适应性也会增强；另一方面，也出现了一些官员借口反腐而懒政、怠政的现象，这增加了党完成经济、社会和政治方面的其他目标时的难度。[③] 这也是一种误解。李成指出，反腐并没有妨碍官员们做决定，相反官员的行为有了积极的变化，因为官员无法确保政府机关运转和经济增长也会被免职。[④]

习近平总书记2016年在省部级主要领导干部学习贯彻党的十八届五中全会精神专题研讨班上的讲话中指出：“为官不为，主要有3种情况：一是能力不足而‘不能为’，二是动力不足而‘不想为’，三是担当不足而‘不敢为’。”

---

① FANG Q. Xi Jinping's anti-corruption campaign from a historical perspective [J]. Modern China Studies, 2017 (24): 137.

② JAMES L. Xi's corruption crackdown [J]. Foreign Affairs, 2015 : 32-38.

③ 岳春颖，王大鹏. 中国共产党有足够的生存适应能力：访美国乔治·华盛顿大学政治学系主任狄忠蒲教授 [J]. 领导文萃，2016 (20): 113-116.

④ 李成. 消除对习近平反腐的误解 [EB/OL]. (2014-07-19) [2018-03-24]. http://www.xinhuanet.com/world/2014-07/19/c_126772138.htm.

三、质疑性评价依然存在的原因分析

国外各界人士基于各自的研究和认知，对中国反腐败与反腐败立法持不同的态度，但在质疑与否定方面存在一些共性原因：

一是对中国国情、文化、制度了解不够，不能站在中国的角度来认识反腐败行动的本质。

二是习惯从自身视角、立场出发看待和评判中国反腐败与反腐败立法，比较主观。

三是意识形态的差异导致评价结论必然迥异。

四是长期受西方主流媒体对中国的负面渲染影响，潜意识中存在偏见、傲慢，也会影响对中国反腐败与反腐败立法的评价。

总的来说，客观理解差异，消除偏见，才能对中国反腐行动有更全面的判断。

第七章　国际廉评机构对中国反腐败及反腐败立法评价研究

目前，在国际社会测量腐败指数主要有如下四个机构开发的五种常用指标，即透明国际的清廉指数和行贿指数、世界银行的腐败控制指标、瑞士国际管理发展学院发布的《世界竞争力年鉴》中相关指标、世界经济论坛发布的《全球竞争力报告》中相关指标。此外，哥伦比亚大学的《国家能力调查》、经济学家智库发布的《国家风险服务和国家预测》、商人国际集团发布的《灰色地带动态评级》、香港政治和经济风险咨询机构发布的《亚洲情报通讯》等都有一定的影响力，是用来评价各国腐败状况的重要依据。在所有这些腐败测评指数中，清廉指数影响力最大，使用最为广泛，当然也最有争议。

清廉指数也可译为“腐败感知指数”或“清廉印象指数”，是一种基于主观问卷调查得出的腐败测评结果，是一个反映人们感知腐败程度的主观测评体系。清廉指数所使用的测评数据并不是透明国际开展调查所获得的第一手数据，而是综合了多份有关调查报告经过数据处理而得到的。透明国际参考的报告大都以一般民众、商人、官员和专家学者等为调查对象，目的是尽可能地反映腐败测评的民意。①

---

① 过勇，宋伟. 清廉指数的腐败测评方法与局限性［J］. 经济社会体制比较，2013(05)：151-160.

一、问题的提出：近年来中国的反腐败为何被低估？

（一）近年来中国的清廉指数排名

透明国际是当前国际反腐领域最具权威和影响力的非政府间国际组织。该组织每年的国家“清廉指数”“行贿指数”“企业透明度”等排名一公布，虽然会引起较大的争议，但仍然会在国际社会引起轰动。透明国际发布的相关报告是国家间横向比较廉政水平的主要参考指标，直接影响到一国的国家廉政形象及其在国际反腐合作中的话语权。①

但从近 11 年透明国际发布的国际全球清廉指数排名来看，中国的排名与中国反腐败取得的实际成效有很大出入，给人一种被故意打压之感。具体数据如下。

2012 年度透明国际全球清廉指数出炉，中国居排行榜第 80 名，清廉指数得分 39 分（第一名丹麦得分 90 分）

2013 年度透明国际全球清廉指数出炉，中国继续居排行榜第 80 名，清廉指数得分 40 分（第一名丹麦得分 91 分）

2014 年度透明国际全球清廉指数出炉，中国排名下降 20 名，居排行榜第 100 名，清廉指数得分 36 分（第一名丹麦得分 92 分）

2015 年度透明国际全球清廉指数出炉，中国排名上升 17 名，居排行榜第 83 名，清廉指数得分 37 分（第一名丹麦得分 91 分）

2016 年度透明国际全球清廉指数出炉，中国排名上升 4 名，居

① 张丽华，高晗．中国参与国际反腐败合作的问题及发展路径：以透明国际为例［J］．理论探讨，2022（06）：79-85.

排行榜第 79 名，清廉指数得分 40 分（第一名丹麦得分 90 分）

2017 年度透明国际全球清廉指数出炉，中国排名上升 2 名，居排行榜第 77 名，清廉指数得分 41 分（第一名新西兰得分 89 分）

2018 年度透明国际全球清廉指数出炉，中国排名下降 10 名，居排行榜第 87 名，清廉指数得分 39 分（第一名丹麦得分 88 分）

2019 年度透明国际全球清廉指数出炉，中国排名上升 7 名，居排行榜第 80 名，清廉指数得分 41 分（第一名丹麦得分 87 分）

2020 年度透明国际全球清廉指数出炉，中国排名上升 2 名，居排行榜第 78 名，清廉指数得分 42 分（第一名丹麦得分 88 分）

2021 年度透明国际全球清廉指数出炉，中国排名上升 12 名，居排行榜第 66 名，清廉指数得分 45 分（第一名丹麦得分 88 分）

2022 年度透明国际全球清廉指数出炉，中国排名上升 1 名，居排行榜第 65 名，清廉指数得分 45 分（第一名丹麦得分 90 分）

从近 11 年透明国际发布的全球清廉指数来看，尽管中国这些年在反腐败工作上取得了令世界瞩目的成绩，并在 2014 年、2016 年、2018 年都引领反腐败国际立法，制定了多项具有里程碑意义的反腐败法律文件，但中国的清廉指数得分始终在 36~45 分波动，不到或刚好是第一名得分的一半。更令人费解的是，在 2014 年、2018 年这些中国反腐败成效斐然的年份，排名不升反降，2014 年跌至近 11 年的最低点 36 分，2016 年仅 40 分，2018 年仅 39 分。

透明国际的操作，在 2014 年遭到中方痛批，认为其清廉指数对中国的排名与中国反腐成就严重不符。中国外交部发言人痛批透明国际作为一个在国际上有一定影响力的组织，应认真审视其清廉印象指数的客观性、公正性。[①] 可以说中国外交部发言人的评价点到了症结所在。

① 中方痛批透明国际清廉印象指数：中国排名与反腐成就严重不符［EB/OL］.（2014-12-03）［2023-06-01］. https：//www. thepaper. cn/newsDetail_ forward_ 1282867.

过勇也指出："党的十八大以来，中国得分和排名整体呈上升趋势，但由于'透明国际'人员构成、价值理念、运作资金以及指数的数据来源均有浓厚的西方背景，该项评价仍不能客观反映我国反腐败工作取得的成效。"①

（二）近年来透明国际官员质疑中国反腐败的言论频出

透明国际组织在2013年发表的*China：the Politics of Fighting Corruption*的报道中称，"中国缺乏反腐败的透明机制""中国的反腐败需要依靠程序法治"等。②

2014年，透明国际亚太区高级主任廖燃在接受中国《廉政瞭望》专访时表示，"中国20年来在反腐败方面的进步是显然的，中国跟周边很多国家相比，所取得的成就是有目共睹的，很多国家很赞赏中国的反腐败举措"。但"中国现在正经历双重转变，在改革不到位的情况下，腐败的空间依然存在，未来腐败率可能还是会上升，但幅度不会像以前那么迅猛"。在中国参与反腐败国际合作方面，他认为，"中国的国际地位和它在反腐败领域的话语权不太一致。中国的发声仍然不够，在国际反腐领域的参与度还是很低。很多官员会比较保守谨慎，害怕在国际社会上说错一句话，会有不好的后果"。在中国的反腐举措方面，他认为"中国对于贪腐分子处理的司法量刑标准不统一，不够透明，各地法院执行情况不一"，"中国刑法惩治的对象也很模糊"，"没收资金的管理用于何处不明"，等等。③

---

① 范凌志．"透明国际"排名掩盖中国之治［N］．环球时报，2021-01-29．

② Transparency International. China：the politics of fighting corruption［EB/OL］．（2013-08-28）［2023-04-17］．https：//www. transparency. org/news/feature/china_ the_ politics_ of_ fighting_ corruption.

③ 刘霄．中国应加强国际反腐领域的话语权：专访透明国际亚太区高级主任廖燃［EB/OL］．（2014-08-27）［2023-03-17］．http：//news. sina. com. cn/c/2014-08-27/114130751382. shtml.

透明国际组织 2014 年在 *Anti-corruption*：*Changing China* 一文中表示，“中国缺乏司法独立，缺乏什么是腐败的明确标准，缺乏透明度”，“中国共产党推进反腐败改革的相关措施还远远不够”，“中国存在执政党的党内法规制度和国内相关法律体系的冲突，影响打击腐败方面的清晰性和统一性”，“中国应使其刑法符合《联合国反腐败公约》的法律框架”，等等。①

此外，透明国际组织 2016 年在 *G20*，*China*，*Corruption and Asset Recovery* 一文中认为，“中国在 2015 年度的清廉指数得分较低，表明中国存在严重的腐败问题，中国几乎没有改变其反腐败斗争主要因为中国反腐败的治理模式，缺乏一个独立的司法系统，意味着中国是不可能实现反腐败的政治目标”。②

透明国际网站对廖燃接受的采访进行报道称，中国腐败现象的发生是有特定背景的，中国正处于社会转型时期，和某些发达国家相比，中国在反腐败方面的法律制度还不完善，各个领域的腐败现象没有相应的法律来进行规制。③

透明国际还对其协调员马可·沃思接受的采访进行了报道，报道称，中国政府对于群众举报的腐败情况更加重视，在中国贪污腐败已经变得越来越困难，④以往中国腐败官员在事发前总能将资产和家人转移到域外，甚至自己都能潜逃，这也是中国在反腐败领域和国际方面缺乏合作导致的。其建议称，中国要取得反腐败斗争的成功，不仅需要完善国内的反腐败法律法规建设，还需要在国际方面加强反

① Transparency International. Anti-corruption：changing China ［EB/OL］.（2014-10-31）［2023-04-11］. https：//www. transparency. org/news/feature/anti_ corruption_ changing_ china.

② Transparency International. G20，China，corruption and asset recovery ［EB/OL］.（2016-09-02）［2023-04-13］. https：//www. transparency. org/news/feature/g20_ china_ corruption_ and_ asset_ recovery.

③ 网易财经. 透明国际如何看中国反腐 ［EB/OL］.［2023-04-18］. http：//money. 163. com/ 12/1210/14/8ICBLJ5V00253B0H_ all. html.

④ 环球网. 透明国际网站：在中国搞腐败变得难了 ［EB/OL］.［2023-04-17］. http：//oversea. huanqiu. com/article/2015-02/5742469. html.

腐败的合作，从两方面出发才能真正遏制腐败。

二、问题的分析：近年来中国的反腐败被低估的原因分析

透明国际这样操作，负面影响很大，不仅严重忽视中国建立“清廉中国”国家形象的努力，还严重削弱中国在引领国际反腐合作与立法过程中应有的道义感召力，也严重影响中国提升国际话语权。

分析其原因，大致有三点：一是透明国际长期受美英等西方国家资金支持和影响，不得不为其“金主”站台，甚至充当“抹黑中国”的打手；二是东西方在腐败的认知、法律制度、文化上有差异，导致对清廉印象的评价出现巨大分歧；三是透明国际的数据采集不科学、评估程序不严谨。

学者郭剑鸣在《国际清廉评价话语体系认知与中国清廉评价话语权建设——以公众感知与政府自觉的耦合为视角》一文中指出，国际清廉评价话语体系有漏洞：一是评价价值理念不纯正，二是评价内容和选取的元素相对“碎片化”，三是评价过程的规范不够严谨，四是评价技术和方法的选择不尽科学，五是对评价结果应用的把握不尽合理。[①] 他提出，“由于多数评价征询的对象主要是专家和商业人士，评价结果以商界人士的民意调查和商业风险的分析为基础，而较少考虑普通民众对腐败现象的态度，也忽略了各国政府反腐败的动态努力表现，因而这些评价结果更多的是出于满足商业投资避险的需要。这从相当一部分腐败指数是从属于发展报告、竞争力报告的一部分便可见一斑。尽管清廉建设有助于改善投资环境，但反腐败毕竟是一项长期的政治议程，致力于提高政府正义性和公众获得感才

① 郭剑鸣. 国际清廉评价话语体系认知与中国清廉评价话语权建设：以公众感知与政府自觉的耦合为视角［J］. 政治学研究，2017（06）：34-44+126.

是其真正的初衷。同时，这种偏重于服务商人、商业和经济发展的清廉评价也容易受到商业组织的影响，使得类似的评价缺乏可信的现实基础”。笔者认为这个评价是一针见血的，也很中肯。

《环球时报》发表文章《中国“清廉指数”如何被评低：数据无任何民意调查》，对透明国际为何要将中国排名“拉低”的背后的因素做了探究。2014 年中国清廉指数的计算数据来源为 8 个，导致 2014 年中国清廉评分下降的主要原因是两家美国机构对中国打分大降，其中一家是 IHS 旗下公司的国家风险评估（GI），与 2013 年相比降低了 10. 1 分（42. 0 分降至 31. 9 分）；另一个是世界公正项目的“法治指数”，降低了 4. 5 分（45. 0 分降至 40. 5 分）。仅仅因为两家美国机构对中国的打分下降，就拉低了中国的排名。①

过勇还对透明国际的评价体系进行了精准的刻画：从国际形势看，少数西方国家仍然不能正确看待中国反腐败的发展，包括“透明国际”在内的一些国际组织不免在评价中夹杂政治偏见，不愿全面客观看待近年来中国反腐败工作取得的显著成效和在国际上产生的积极影响，并继续无视西方所谓“民主清廉”幌子下的制度性腐败等深层次问题。范凌志认为，这需要我们更加坚定中国反腐败道路自信，不盲从迷失在西方各类指数评价中，而是要积极主动地向世界讲好中国反腐败故事，不断提升中国反腐败国际话语权。②他的观点也代表了国内学界大部分学者的心声。

① 屠美丽，青木. 中国“清廉指数”如何被评诋：数据无任何民意调查［EB/OL］.（2015-02-26）［2023-01-11］. http：//world. huanqiu. com/article/qCakrnJ18UN.

② 范凌志.“透明国际”排名掩盖中国之治［N］. 环球时报，2021-01-29.

第八章　对国外评价的再评价

一、评价的主客观标准：国家利益决定评价立场

一般而言，评价一个国家的行为与政策，要根据其对国际社会的整体贡献与价值来评判，即是否有利于国际社会的进步与发展。这就涉及客观评判与主观评判两个维度。客观评判是公正地反映一个国家的行为与政策是否达到了推动国际社会进步的效果的标准及高度。主观评判即评估者自由评估评估对象是否达标，这其中往往会受国家利益影响。因为利益决定立场，立场决定态度、观点与方法。

（一）国家利益决定评价立场

立场决定观点，不同的评价者从各自的利益出发自然会得出不同的结论。伴随着反腐败国际合作蓝图的绘制和行动的稳步推进，一些国家一方面肯定反腐败国际合作能为本国带来实际利益，另一方面也担忧中国影响力扩大会影响自己国家的利益，因此对中国的反腐败持欢迎又疑虑的复杂心态。

各类评价者多具备国际政治专业知识，往往站在本国际组织或本国国家利益的角度分析国际问题。一般来说，国家利益分为政治、经济、安全、文化等多个层面，因此国外学者基于本国情况的分析一般会对中国反腐败得出质疑性结论。针对这些质疑，我们要站在更宽

广的角度、具备更长远的眼光，有理有据地分析，有针对性地回应，为反腐败与反腐败制度建设创造良好的国际舆论环境。

（二）对待评价应具有一定的包容性

当下的国际社会无疑是一个多元表达的社会。尤其是在“百年未有之变局”的背景下，不同利益的调整与博弈，自然会带来不同诉求的表达。在多元表达中难免会有“异质思维”。如：衡量一国的改革政策或措施，有肯定性评价，有质疑性评价，有否定性评价……这都很正常。

那种“不同即敌对”的思维模式，本质上都是狭隘虚弱的表现，无助于国际社会共识的达成、国际合作的形成。

只要不是刻意抹黑、唱衰，就应该以包容心态对待善意的批评、质疑，通过对话协调化解矛盾和分歧，增进互信，最大限度地达成反腐败共识，共谋反腐败国际合作与立法。

其实，不同声音乃至反对的意见，也是完善政策的重要参考。所谓“听不到不同意见不决策”，只有允许不同声音存在，才能了解掌握各方面情况，作出理性判断和正确决策。

（三）客观性评价内容值得借鉴

他山之石可以攻玉，国外的评价，只要不是刻意抹黑、唱衰之论，多数具有一定的参考与借鉴意义。从内容上看，虽然不同类型的评价者看待中国反腐败与反腐败立法的视角不同，但是多集中于对中国一体推进反腐败与反腐败立法动机的臆测和其对世界各国产生影响的预测。这些臆测和预测都建立在他们从外部对中国的观察和分析上，可能由于观察者自身对中国反腐败与反腐败立法了解而具有局限性，但是在某些方面则可以具有一定的合理性。相较于国内，国外评价者具有更广泛的视野，能够将中国的反腐败与反腐败立法放在世界范围内、世界历史进程中去审视其带来的影响，并与其他国家进行横向比较，我们可以学习国外评价者的研究视角与研究方法。可见，对国外评价者的观点不能全然否定，应当仔细分辨，辩证看待。中国要引领反腐败国际合作与立法，必须争取国际社会的理解和支持，让世界各国更多地了解中国反腐败与反腐败立法的理论、方案，这是途径之一；途径之二是了解国外评价者的评价逻辑与标准，甚至借鉴国外评价者更容易接受的观点。特别是当前面临“百年未有之大变局”的挑战，部分国际组织、国家对中国反腐败政策仍存在一定程度的疑虑与误解，因此需要追踪国外舆论动向，借鉴有益研究成果，有利于做好释疑解惑，引导国际社会客观公正地认识中国的反腐败与反腐败立法，认识构建“人类命运共同体”的世界意义，以获得更多认同。

二、国外质疑性评价的历史演进

通过前述，可以看出，部分西方国家囿于冷战思维，对中国近年来的反腐败与反腐败立法持嘲讽、质疑甚至否定态度。其目的是唱衰中国。

例如：2014 年 7 月，英国《金融时报》刊文，对中国的反腐败说三道四。该报宣称中国的反腐败斗争“注定要失败”，说它是“党的审判，而非依法审判”，“是政治驱动的产物”。文章还预测，如果反腐败持续下去，“也许会像 18 世纪的法国那样带来不堪设想的后果：革命最终吞噬了自己”。①

中国《环球时报》的社评一针见血地指出：“这种论调折射了西

① 社评：西方莫给中国反腐败泼冷水［N］. 环球时报，2014-07-27.

方社会对中国的典型偏见：这是个缺少执政合法性的国家，权力斗争是中国全部政治行为的主轴。在他们看来，中国只有政治运动，连法制建设也充满政治的杀机。所以《金融时报》把当前中国的反腐败看成是‘清洗’。我们不知道，《金融时报》的文章是否代表了西方力量准备把中国反腐败树立成舆论靶子的一个信号。”①

之所以存在这种思想偏见，是因为这些评价者固守冷战思维，对中国的反腐败与反腐败立法有意唱衰，无法理解中国智慧和中国逻辑。这部分持质疑性观点的评价者仍受到“修昔底德陷阱”理论的影响，将新崛起的新兴国家、力量全部视为想象的敌人。实践的变化呼唤理论的创新，西方国家的冷战思维显然不符合“百年未有之大变局”的现实。中国特色社会主义反腐败与反腐败立法的道路不同于西方模式，用他们的逻辑来生搬硬套中国的反腐败逻辑难免会存在重大偏差。

我们应清醒地认识到：国际舆论对中国的质疑、捧杀不是始于今天，面对这些质疑、抹黑，我们既不必过于敏感，也不应置之不理，而应将其作为国内批判缺席的有利补充，在反思中前进。同时，要以理性的态度加以回应，向国际社会解释中国反腐败与反腐败立法所体现的中国智慧，阐释构建“人类命运共同体”的世界意义。

诚如《环球时报》社评所驳斥的：“人类历史上只有腐败吞噬政权，而几无国家因为反腐败垮掉。随着中国反腐败的进一步深入，西方媒体会习惯性地跑出来泼冷水、泼脏水，少不了出来扰乱我们的视听，打乱我们的节奏，意图使我们泄气。在坚决遏制腐败蔓延的问题上，中国共产党和社会必须要有强大定力，不为各种危言所惊所惑。我们正在打造未来中国的命运，没有人会比我们自己更关心这个国家的兴衰。”②

不可否认，国际社会对中国反腐败斗争确实存在一些质疑与错

① 社评：西方莫给中国反腐败泼冷水［N］. 环球时报，2014-07-26.
② 社评：西方莫给中国反腐败泼冷水［N］. 环球时报，2014-07-26.

误看法。但是，随着中国反腐败斗争的深入推进，这些错误观点也逐步被国际社会否定、抛弃。

针对中国反腐败斗争是权力斗争的观点，库恩指出，一些外国分析人士和媒体认为，中国的反腐败行动是政治权力和控制的工具，这暴露了他们对中国的肤浅和单一维度的理解。①

针对中国腐败源自中国体制的观点，王江雨指出，中国过去几年广泛全面持续推进的反腐行动及其具体成果，已经让很多外国观察家觉得需要重新认识中国的社会和制度。②

针对反腐败已过头、阻碍官员做决策，并削弱了中国经济等观点，布鲁金斯学会的李成进行了系统否定：中国这场反腐败斗争深入且无处不在，但并没有过度；大批官员被涉及，但比例很小；官员做决定没有受到妨碍，政府机关的运作也未受牵连；官员腐败减少导致的消费下降，不会给经济带来无可弥补的伤害，只会有利于经济。③

可见，随着中国反腐败斗争的深入，随着国际社会对中国反腐败斗争认识的深化，国际社会的认识必将日趋客观真实，这也将有助于中国国际形象的不断提升。

三、国外评价引起的反思

通过系统梳理国外各类评价者对中国近年来反腐败与反腐败立法的评价，我们越发坚定中国特色社会主义道路、理论、制度、文化“四个自信”，更加坚定以“四个自信”推进中国特色社会主义事业；

① 关于新时代中国反腐败斗争，国际社会怎么看？［EB/OL］．（2018-08-21）［2023-04-13］．https：//www．sohu．com/a/249108492_ 617310．

② 关于新时代中国反腐败斗争，国际社会怎么看？［EB/OL］．（2018-08-21）［2023-04-13］．https：//www．sohu．com/a/249108492_ 617310．

③ 关于新时代中国反腐败斗争，国际社会怎么看？［EB/OL］．（2018-08-21）［2023-04-13］．https：//www．sohu．com/a/249108492_ 617310．

也更加坚定中国法治反腐理论与模式的示范性和一体推进反腐败国家立法的理论与模式的示范性，更加坚定中国能引领与主导反腐败国际合作与立法的信心，更加坚定建设中国特色社会主义廉洁文化的信心。

党的十八大以来，以习近平同志为核心的党中央高举中国特色社会主义伟大旗帜，不断丰富和发展中国特色社会主义。党的十八届六中全会明确提出，“坚持中国特色社会主义道路、中国特色社会主义理论体系、中国特色社会主义制度、中国特色社会主义文化”“坚定对中国特色社会主义道路自信、理论自信、制度自信、文化自信”。全党上下务必准确把握和始终坚定“四个自信”，不断把中国特色社会主义伟大事业推向前进。

这是因为：“道路自信”是“实现民族复兴的必由之路”；“理论自信”是“铸就千秋伟业的科学指南”；“制度自信”是“不断发展进步的根本保障”；“文化自信”是“提升中国自信的根本动力”。[①]

在未来，须着力推动如下几项工作：

一是规范中国反腐败与反腐败立法的国际传播，建立起长效机制；

二是加强顶层设计，规划好、完善好、实施好中国反腐败与反腐败立法蓝图、方案；

三是研究争取国际社会对中国反腐败与反腐败立法认同的策略；

四是研究继续引领反腐败国际合作与立法的策略。

① 耿超，邢军杰. 以“四个自信”推进中国特色社会主义事业［N］. 江西日报，2017-07-24.

第九章　国外评价和规范中国反腐败与反腐败立法国际传播研究

一、国外评价引起的反思：规范国际传播

从前面的研究我们可以得出结论：中国在域外传播方面存在一些不足与需要完善的地方：

一是面对一些西方国家的肆意抹黑、歪曲、污蔑，或者说面对西方国家发起的舆论战，我们准备不够充分。

二是面对部分国际组织和国家对中国反腐败与反腐败立法存在的认知误区，我们的解释、说理并不能产生应有的效果。

三是面对大部分国际组织、国家对我国反腐败与反腐败立法客观、公正的评价，我们应该趁机跟进，扩大共识，建立起推进国际反腐败合作与反腐败立法的统一战线，为随后引领反腐败国际立法奠定基础。但我们对此重视不够，坐失良机。

这一切都说明了一个不得不引起我们思考的问题：我们必须加强国际传播能力建设，规范反腐败国际传播。

二、中国国际传播的现状与不足

第一，目前，中国的对外传播存在政出多门、政行多门的现象，

缺乏协调融合机制。一个典型的例子是美国在对外宣传方面只有一个出口——美国国务院。美国的对外宣传、对外人事往来、外交事务乃至军事问题，都是由美国国务院甚至国务卿作为对外发声的唯一渠道。而中国在对外宣传方面则存在政出多门的问题，比如对外讲中国故事，文化和旅游部、教育部、外交部等部委可能都有各自的做法，因此很难协调、统一、融合资源。而英国的 BBC 在进行新闻报道时，对内对外的报道内容基本是一致的，最多在国际报道中国际新闻比重增加一些。而中国一些主流媒体的中文版和海外版差别很大，甚至对内一个版本，对外一个版本。①

第二，中国的国际传播影响力有限。主要表现为，对国际主流社会的影响力偏弱，没有掌握描述中国故事的主导权。而国际一流媒体通过强大的议程设置能力，把全世界发生的新闻置于西方思维和价值观的评判之下，形成了话语垄断，对国际主流人群产生了强大的影响。

第三，中国媒体在海外受众眼中是受到严格把控的，如有受访者认为“中国媒体的报道更像是一种公关……”。因此，海外受众会对中国媒体发出的声音产生怀疑，导致中国媒体的海外影响力较弱，难以与国际知名媒体抗衡。②

第四，中国反腐国际传播的内容规划与国际受众的期待不符。根据访谈分析结果，目前中国媒体国际新闻报道的主要内容并非受众真正关心的，且常常是国内新闻内容的翻译版本。例如，周小普教授在对央视英语新闻频道《中国 24 小时》节目的研究中提到“CCTV-NEWS 的《中国 24 小时》与 CCTV-1 的《新闻联播》在样本周内报

① 胡正荣. 中国如何把握机会在国际话语体系中争取一席之地［EB/OL］.（2015-07-21）［2023-04-20］. http：//theory. people. com. cn/BIG5/n/2015/0721/c40531-27335957-3. html.

② 姬德强，吕玉洁. 中国反腐的国际传播：困境与出路——基于对在华外国留学生的实证研究［J］. 对外传播，2016（12）：24-26.

道内容重合度较高”①。中国媒体的国际传播并未将国内外受众对中国反腐行动的信息需求进行区分，导致信息传播效果大打折扣。

第五，反腐国际传播未能有效传达中国反腐行动的目的，缺乏反击外媒对反腐目的偏颇报道的有力报道。部分信息涉及国家机密而不能作为报道内容用以论证观点，导致在外界看来，报道缺乏有力的证据支持。此外，中国特色政治话语与西方思维方式的不兼容性，加之外媒的选择性解读，中国媒体的报道受限于话语体系的差异得不到国际主流舆论的重视，无法对外媒的歪曲报道形成有力的反击。②

三、完善之策

（一）全力提升国际传播能力

媒体报道是塑造一国国家形象的重要途径。中国媒体专业、高效的新闻传播活动是减少甚至消除国际社会对中国成见的最佳途径之一，也是反击外媒对我国形象污名化报道的重要力量。③因此，要全力提升中国的国际传播能力。

一是在传播形式上，要内外有别，少一点宣传色彩，多一些说理的内容，使中国传播机构发出的信息能够令国际社会信服。这是掌握舆论主动权的关键。

二是在传播内容上，要善于制造话题，而不是一味地应对西方传

① 周小普，赵喆. 中国对外报道现状分析与国家形象建构：以央视英语新闻频道《中国24小时》为例［J］. 国际新闻界，2013（11）：117-129.

② 姬德强，吕玉洁. 中国反腐的国际传播：困境与出路——基于对在华外国留学生的实证研究［J］. 对外传播，2016（12）：24-26.

③ 周小普，赵喆. 中国对外报道现状分析与国家形象建构：以央视英语新闻频道《中国24小时》为例［J］. 国际新闻界，2013（11）：117-129.

媒机构制造的话题。这是引导国际舆论能力的体现，实际上就是要切实提高中国传播机构的话语能力。

三是嵌入大国外交，主动设置反腐败议题。无论在国内还是国外、多边还是双边场合，习近平总书记等党和国家领导人都主动设置反腐败国际合作议题，使中国在反腐败国际合作中居于主动，占领道义制高点。①

四是建立沟通机制，讲好中国故事。中联部、中央纪委国家监委以举办中国共产党与世界对话会、开放日、吹风会、招待会等方式，积极主动地宣介新时代全面从严治党、反腐倡廉的举措与成绩。在向全世界讲好中国故事、全面从严治党故事和惩治腐败故事的同时，有效地减少了国际社会对中国反腐败斗争的误读，促进了彼此的互信，更赢得了广泛的尊重。世界各国对于中国新时代以来的反腐败成就是佩服的。越来越多的国家向中国取经学习，主动加强与中国的反腐败合作。②

五是利用国际平台，提升传播效果。2014 年 9 月，监察部代表团利用参加《联合国反腐败公约》（以下简称《公约》）相关会议的契机，向《公约》秘书处提交了《中国的反腐败国家战略——建立健全惩治和预防腐败体系的实践与成效》和《中国的公务员制度》两份材料，刊登在联合国网站。2014 年 10 月，《公约》秘书处出版的《〈联合国反腐败公约〉：重大公共活动反腐败战略》高度评价了中国特色的重大活动反腐败和监督模式，特别是廉洁办奥运的相关做法和经验。③

六是创建廉洁范本，贡献中国智慧。中国为解决全球腐败问题贡

① 王冠. 新时代反腐败国际合作的策略、绩效与特点［J］. 岭南学刊，2023（01）：37-42+57.

② 王冠. 新时代反腐败国际合作的策略、绩效与特点［J］. 岭南学刊，2023（01）：37-42+57.

③ 王冠. 新时代反腐败国际合作的策略、绩效与特点［J］. 岭南学刊，2023（01）：37-42+57.

献了中国智慧和中国方案。[①] 中国新时代的反腐败重大成就、“一带一路”廉洁之路、中老铁路廉洁示范工程等对全世界产生了广泛和积极的影响，非盟、东盟和“一带一路”国家纷纷来华学习反腐败经验，主动加强与中国的反腐败合作。[②]

（二）依法建设国际传播能力

党的十八大以来，党和政府高度重视国际传播能力建设。

2015 年，“加强国际传播能力建设”被写入中国政府工作报告。

2023 年 6 月 28 日，《中华人民共和国对外关系法》（以下简称《对外关系法》）经第十四届全国人大常委会第三次会议表决通过，自 7 月 1 日起施行。这是新中国成立以来首部对我国发展对外关系作出总体规定的基础性涉外法律。其中，第五章第四十四条规定：国家推进国际传播能力建设，推动世界更好了解和认识中国，促进人类文明交流互鉴。这是国际传播能力建设首次被写入国家法律。

有些国家在对中国不是很了解的情况下，听从于某些人的说法，对中国提出一些不实的指责，甚至采取措施。从这个角度来讲，怎样让外界知道真实的中国是什么样子的非常重要，只有讲好中国故事，向外界传达中国的真实形象，才能防止其他国家对中国误读，也防止其他国家对中国进行污名化和抹黑。

《对外关系法》能够把国际传播能力的建设作为一个制度，用一个专门的条款提出来，这是非常有必要的。话语权、中国的形象、中国真实情况的宣传在对外关系中起到了非常重要的作用，它可以避免一些与中国的摩擦或者化解一些对中国的误会。

法律手段不仅仅是一种事后救济，同时也包括事前对一些问题

---

① 李雪勤. 清廉中国：反腐败国家战略［M］. 杭州：浙江人民出版社，2021.

② 王冠. 新时代反腐败国际合作的策略、绩效与特点［J］. 岭南学刊，2023（01）：37-42+57.

的预防和风险的化解，所以这一条实际上就是为了化解对外交往中他国对中国的一些误会，做好风险化解的制度安排和中国形象的对外宣传。

对外宣传就需要加强能力建设，包括投入这方面的财政资源，加强这方面的硬件基础设施建设，吸引和培训这方面的人才。在国际传播发展方面，我们还有更多工作要做。[①]

① 国际传播能力建设为何被写入中国首部《对外关系法》？［EB/OL］.（2023-07-14）［2023-08-13］. http://fangtan.china.com.cn/2023-07/14/content_92308660.htm.

第十章 争取国际社会对中国反腐败与反腐败立法认同的策略研究

“知己知彼”是做好一切工作的前提。通过研究国外对中国近年来反腐败与反腐败立法的评价，我们可以更好地应对国际社会的态势和国际反腐败合作与立法的新情况和新变化，寻求有效的破局策略。

一、扩大对中国反腐败与反腐败立法方案的认同

关于中国故事应该对谁讲这个问题，首先需要明确，对不同国家和民族的讲述内容和方式是完全不一样的。弄清中国故事是什么，是需要顶层设计的，顶层设计目前没有问题，但是在“中国故事对谁讲”这个设计执行环节，存在的问题比较突出。

首先，对传播对象缺乏基本了解。我们并不了解各国的商界、政界精英都关注什么媒体、用什么 APP。如，非洲国家对中国的态度实际上是存在分歧的，非洲的政府官员很认可中国，因为中国对非洲进行了很多援建和投资；非洲最底层的百姓也很认可中国，因为中国向其出口了大量物美价廉的商品；但非洲的中产阶级并不太认可中国，他们大多接受过英美教育，可能更愿意看 BBC 而不是 CCTV 的节目。然而国内许多媒体在建设国际传播能力时，更多是从“我想做什么”出发设置选题，较少研究他者需要什么。在以用户为中

心的互联网时代，国内传统媒体以传播者为中心的思维迫切需要改变。

其次，尚未形成多样化的对外传播平台。目前对国际讲中国故事的基本还是主流媒体，包括央视、人民日报、人民网、环球时报、中国日报等有限的几家机构；国外落地媒体，除增开频道、出英文报纸、建外文网站外，最多就在当地主流社交媒体开设一个账号、开发一个 APP，但实际上 APP 下载量和官方账号关注量都比较有限。可见，我们既没有一个好的内容生产环境，又没有一个有力的传播平台，这是目前中国故事讲不出去的现实原因。[①]

二、改变叙事方式：基于制度现实和治理现实叙事

中国国家形象要建立，话语权要形成，必须基于制度现实和治理现实。

中国故事就是中国在有自信且被他信的制度和理论指导下对中国现实的体现。不论是宏大叙事还是个体叙事，只要是在制度自信的前提下真实呈现中国治理的多元现实，这样的中国故事就是有感召力的。这也是为什么近两年中国故事开始能够慢慢讲出去，因为党和政府正视包括腐败问题在内的诸多问题，让百姓看到了反腐的成果，看到了政治治理的现实，国外也开始认可中国的政治治理。这才是找到中国故事内核的关键。[②]

---

① 胡正荣. 中国如何把握机会在国际话语体系中争取一席之地［EB/OL］.（2015-07-21）［2023-04-20］. http：//theory. people. com. cn/BIG5/n/2015/0721/c40531-27335957-2. html.

② 胡正荣. 中国如何把握机会在国际话语体系中争取一席之地［EB/OL］.（2015-07-21）［2023-04-20］. http：//theory. people. com. cn/BIG5/n/2015/0721/c40531-27335957. html.

向国际社会讲好新时代中国廉洁故事，要有用“典”的智慧，善于把反腐败道理和意义与中国优秀传统文化结合起来，用中国话语讲述中国故事；要有用“事”的智慧，克服自说自话倾向，在把握全球治理腐败动态的基础上摆事实、讲道理，提高中国故事的可信性和可读性；要有用“人”的智慧，中国故事不仅要通过中国人民、中国平台发出声音，还要聚集与中国密切合作、关系友好的国家、人民的力量，利用多种形式、多种语言、多种渠道全面展现。在立体之声的环绕下，新时代中国廉洁故事才能传得更远、播得更响。①

“今日俄罗斯”是一个值得借鉴的成功案例，它是在整合了俄新社和俄罗斯之声的基础上形成的俄罗斯官方媒体，是现在俄罗斯对外传播的核心。尽管国际社会都清楚其政府背景，但它发出的声音仍然能够获得认可，原因在于它的话语比较平衡，即批评西方国家的同时也承认本国存在的问题。从俄罗斯的视角出发，又秉持和世界视角不冲突的立场，进行客观公正的报道。这正是我们强调的话语权建构所需要的，知己知彼，要均衡而不要对立。②

新时代，我们必须创新对外话语表达方式，主动设置议题，进一步增强国际话语权。应加大渠道、手段、方式、方法等创新力度，丰富新闻业态和产品形态，进一步加快走出去的步伐，让世界能够“听得到”“听得清”“听得进”中国声音，努力在与西方媒体的全面竞争中赢得优势、赢得主动。③

① 王蒙，黄红平. 向国际社会讲好新时代中国廉洁故事［N］. 检察日报，2020-04-07.

② 徐蕾. 我们向“今日俄罗斯”学什么？［N］. 人民日报海外版，2014-09-19（08）.

③ 辛士红. 汲取“延安故事”传播经验 加强国际传播能力建设［J］. 军事记者，2022（3）.

三、与外媒合作定制推送中国反腐败报道

2018年全国两会期间，人民日报利用与国际主流媒体良好的合作关系，对“一带一路”参与国家地区与报社签订合作协议和稿件互换协议的100多家外媒，及与报社建立协作关系的36家海外华文媒体和近百家华文网站，定制推送两会报道。截至北京时间3月12日17时，人民日报定制推送134篇文章、306张图片，包括汉语、英语、法语、阿拉伯语、西班牙语、日语、俄语、葡萄牙语、德语、柬埔寨语、乌尔都语、韩语12个语种，共计在46个国家的118家媒体落地2596次。①

《2018年中国两会：反腐败最受网民关注》成为目前人民日报海外版落地次数最多的文章。该文报道了人民网围绕网民最关注的两会议题所做网上调查的结果。初步统计，该文的汉语、英语、阿拉伯语、德语、西班牙语、法语、日语多语种版本分别在26个国家的38家媒体落地，包括《洛杉矶邮报》网站、墨西哥通讯社、乍得统一新闻网、荷兰新闻人网站、英国英中网、法国法中网、韩国亚洲未来新闻网等。②

四、积极宣讲中国反腐败与反腐败立法故事

近年来，中国在国际话语体系中的议程设置能力在提升。习近平

① 两会好声音 传播到海外（融两会）本报定制推送报道落地46个国家118家外媒［N］. 人民日报，2018-03-13（16）.

② 两会好声音 传播到海外（融两会）本报定制推送报道落地46个国家118家外媒［N］. 人民日报，2018-03-13（16）.

主席出访，一般会在出访国的主流媒体发表文章。在钓鱼岛问题、东海和南海防空识别区问题上我们也先在外交上抛出话题，抢占高地，引导国际舆论。这和我国外交主基调从“韬光养晦、有所作为”调整为“奋发有为”是一致的，要求我们必须主动发声，以多方力量、多条渠道、多个形式到达多种受众。

同时，我们应该看到，重视非政府组织力量也是建构中国反腐败话语权的重要方面。互联网改变了时代，改变了人们的社会生活。除媒体之外，中国学者、民间智库、NGO 还有很大的努力空间，中国的理论学术观点需要走出去，这同样是提升话语权的重要方面。[①]

五、着力培育舆论引导的国际力量

新闻媒体的公信力源于对现实的全面客观反映，舆论引导的信任度源于对不同主体与客观事实的尊重。在全媒体时代，舆论场中远远不止“两面之词”，而是“多面之词”。面对这种情况，培养讨论习惯乃至辩论意识就显得至关重要。

全媒体时代是全球传播时代，传播主体不仅在国内也在国外。当前，中国在全球传播中的焦点性日益突出。作为世界第二大经济体，全球舆论对中国的关注度前所未有，而中国自身提供的信息还不能满足这种需求。为此，要在建设对外传播体系的基础上，发挥国际友好人士的力量，形成中国之外的国际舆论力量。当前，许多了解中国、对中国友好的国际人士，已经在做着传播中国的努力，但未来依然需要更多的支持和帮助。比如，可以组织国际主流媒体、社会知名

① 胡正荣. 中国如何把握机会在国际话语体系中争取一席之地［EB/OL］.（2015-07-21）［2023-04-20］. http：//theory. people. com. cn/BIG5/n/2015/0721/c40531-27335957-3. html.

人士等访问中国。①

全媒体时代是全新的媒体时代。舆论引导能力、国际传播能力已经成为国家战略能力不可或缺、不可替代的组成部分。只有切实尊重、把握这一新时代的规律，中国才能逐渐成为全球传播格局中的引领者，中国的世界贡献、发展理念与精神价值才能获得越来越多的认同。②

六、加强与国外学者的多层次学术交流

（一）助推国际学术话语权的提升

国外学者的看法与评价可能会直接或间接影响其所属国家、国际组织对华政策和对华关系，同时也在一定程度上影响着全球对中国的看法和态度。由于不同的信仰、意识形态、社会发展状态等因素，国外对中国的认识存在很多误读，有些甚至是歪曲与抹黑。这些误解严重影响中国的国际形象和廉政形象，对中国的国际交往造成负面影响。

当前迫切需要树立真实而积极的中国形象，讲好中国故事。学术研究应该紧密结合现实需要，为现实服务。消除误解、驳斥污蔑与毁谤的第一步是相互接触、了解与交流，因此我们要加强与国外学者的多层次交流。

当前世界处于百年未有之大变局和国际规则重塑的背景下，交流、合作显得尤为重要，具备认识他者和世界的能力也显得尤为重要。

① 胡钰. 中国如何成为全球传播格局中的引领者［J］. 人民论坛，2019（30）：30-32.

② 胡钰. 中国如何成为全球传播格局中的引领者［J］. 人民论坛，2019（30）：30-32.

中国积极倡导多边主义，各国应该加强交流、互相倾听，以深化相互了解。在学术领域，我们应创造更多对话的机会，让不同文化、制度背景的中外学者开展学术交流，让各国智慧相互碰撞，形成更多共识。

在对外学术交流中，一要坚定“四个自信”，坚定自我话语体系的核心价值。

二要修炼学术“内功”，不断加强自身的学术素养和理论素养，丰富中国故事的内涵，推出具有国际性水准的哲学社会科学成果，让中国故事更有底气和力量。

三要了解国外中国研究的进展和趋势，有针对性地对国外学者所关注的领域和问题设置议题，展开对话交流，寻求共识并作出回应。例如，在境外追逃追赃、廉洁丝绸之路等议题上，分享中国经验，为世界提供中国智慧和中国方案。

四要深化与国际智库的合作，与相关机构开展合作研究和委托研究，在国际顶级期刊上发表有影响力的研究成果，扩大国际学术影响力。此外，整合国外各类人才，借助留学生群体（在中国的外国留学生和在国外的中国留学生），增进交流，形成共识。

五要在相互交流中要团结那些能够客观理性看待中国的专家学者，并为双方互相交流提供便利，通过交流影响和塑造他们对新时代中国的学术观点和个人认知。

总之，当前应该加紧构建国际话语权。中国应该建立更多的学术交流和互动，并在与国外不断地互动、互补中发展中国学术话语权。

（二）在交流中澄清、纠正国外学者的错误认识

在当今世界日益相互依存、紧密联系的背景下，跨境学术交流和相互学习变得越来越重要。加强与国外学者的多层次学术交流，拓展共识，共同推进反腐败国际合作与反腐败国际立法，是中国学者义不

容辞的任务。

在学术上澄清误解、回应质疑、寻求认同，对于加强国际反腐败合作与立法，对于构建人类命运共同体，具有重要的价值与意义。

第十一章　推进反腐败国际合作与立法的策略研究

国外的评价，不仅可以让我们理性地审视自身，调整与完善自身，还可以使我们更加确信“制度自信”“立法自信”“道路自信”，从而扬帆起航，再续辉煌。

一、以习近平法治思想为根本遵循统筹反腐败与反腐败立法的国内与国际两个大局

习近平法治思想着眼于全面建设社会主义现代化国家、实现中华民族伟大复兴的奋斗目标，深刻回答了新时代为什么实行全面依法治国、怎样实行全面依法治国等一系列重大问题，是一个内涵丰富、论述深刻、逻辑严密、体系完备、博大精深的法治思想理论体系。[①]其中，习近平总书记关于统筹推进国内和国际两个大局的重要论述，关于反腐败国际合作和追逃追赃工作的重要论述，是习近平法治思想的重要组成部分，是我们推进反腐败国际合作与立法的根本遵循与行动指南。

① 李林. 习近平法治思想的核心要义［N］. 中国社会科学报，2020-11-23.

（一）习近平法治思想中关于统筹推进国内和国际两个大局的重要论述

统筹推进国内和国际两个大局是以习近平同志为核心的党中央治国理政的基本理念和基本方略。[①]

习近平总书记指出："我国已经进入了实现中华民族伟大复兴的关键阶段。中国与世界的关系在发生深刻变化，我国同国际社会的互联互动也已变得空前紧密，我国对世界的依靠、对国际事务的参与在不断加深，世界对我国的依靠、对我国的影响也在不断加深。我们观察和规划改革发展，必须统筹考虑和综合运用国际国内两个市场、国际国内两种资源、国际国内两类规则。"[②]

当前，世界正处于百年未有之大变局中，全球治理体系正在发生深刻调整，制度竞争成为国家间最根本的竞争。在这个关键时刻，习近平同志强调"坚持统筹推进国内法治和涉外法治""协调推进国内治理和国际治理"，[③] 使国内法治和涉外法治、国家治理和全球治理相互促进、相得益彰，坚定不移依法维护国家主权、安全、尊严、发展等核心利益，坚定不移维护世界和平、促进共同发展。在国内法治和涉外法治的格局中，涉外法治一直是短板、是弱项，所以要加快涉外法治工作战略布局，强化法治思维，运用法治方式，综合利用立法、执法、司法等手段开展斗争，有效应对挑战、防范风险。[④]

统筹推进国内法治和涉外法治，要秉持共商共建共享的全球治理观，推进国际关系民主化法治化公正化。坚决维护《联合国宪章》，推动各方在国际关系中遵守国际法和公认的国际关系基本原

---

① 张文显. 习近平法治思想的理论体系［J］. 法制与社会发展，2021（01）：5-54.

② 习近平. 习近平谈治国理政：第二卷［M］. 北京：外文出版社，2017：442.

③ 坚定不移走中国特色社会主义法治道路 为全面建设社会主义现代化国家提供有力法治保障［N］. 人民日报，2020-11-18（01）.

④ 张文显. 习近平法治思想的理论体系［J］. 法制与社会发展，2021（01）：5-54.

则，用统一适用的规则来明是非、促和平、谋发展，维护国际法和国际秩序的权威性和严肃性，反对歪曲国际法，反对以“法治”之名行侵害他国正当权益、破坏和平稳定之实。要积极参与国际规则制定、有效主导国际立法，善于在国际规则制定中发出更多中国声音、注入更多中国元素，努力在经济全球化中抢占先机、赢得主动。要抓住“东升西降”的历史机遇，奋力推进全球治理体系变革，以法治思维和法治方式促进我国全球治理的理念和主张转化为各方共识和公共法理，构建人类命运共同体。①

（二）习近平法治思想中关于反腐败国际合作和追逃追赃工作的重要论述

党的十八大以来，以习近平同志为核心的党中央高度重视反腐败国际追逃追赃工作。从党的十九大强调“不管腐败分子逃到哪里，都要缉拿归案、绳之以法”，到党的二十大要求“深化反腐败国际合作，一体构建追逃防逃追赃机制”，党中央追逃追赃的态度旗帜鲜明、决心一以贯之。反腐败国际追逃追赃关系党心民心，关系党和国家形象，关系全面从严治党和反腐败斗争成效，要始终保持力度和韧劲，不断织密织牢全球“天网”，让腐败分子无所遁形、无处藏身。②

党的十八大以来，以习近平同志为核心的党中央作出推进反腐败国际合作、加大追逃追赃工作力度的重要决策部署。

（1）习近平总书记多次就推进反腐败国际合作作出重要论述，提出一系列新思想新观点新要求。

党的十八大以来，习近平总书记先后几十次在重要国际场合发表讲话和谈话，将反腐败国际合作上升到国家政治和外交层面，倡议

① 张文显．习近平法治思想的理论体系［J］．法制与社会发展，2021（01）：5-54.

② 李鹏．加强国际合作　持续追逃追赃［N］．中国纪检监察报，2022-11-18.

构建国际反腐败新秩序。[①]

如，2014 年 11 月一个月内，习近平主席在多个场合多次谈及追逃追赃和反腐败国际合作。

11 月 9 日，习近平主席会见加拿大总理哈珀时表示："中国正在加大反腐败斗争，中加双方应该在执法领域包括追逃追赃问题上加强合作。"

11 月 11 日，习近平主席在 APEC 第二十二次领导人非正式会议上的闭幕辞中指出："我们大力推动亚太反腐败合作，建立亚太经合组织反腐败执法合作网络，就追逃追赃、开展执法合作等达成重要共识。"

11 月 12 日，习近平主席在人民大会堂同美国总统奥巴马举行会谈。两国元首表示，双方支持 APEC 领导人非正式会议通过的《北京反腐败宣言》，强调各国不应成为腐败分子和腐败资金的避风港，同意加强反腐败机构和执法机构在个案调查、信息交流和能力建设方面的合作，共同打击各类跨国腐败犯罪活动。

11 月 16 日，习近平主席出席 G20 峰会并发表讲话时指出："深化反腐败国际合作"，"建设反腐败合作网络，返还腐败资产，拒绝为腐败官员提供避罪港"。

11 月 17 日，习近平主席同澳大利亚总理阿博特会谈时表示："中方重视同澳方加强司法执法、追逃追赃合作，共同打击腐败犯罪。"

11 月 20 日，习近平主席同新西兰总理约翰·基会谈时表示："双方要加强防务、执法交流，在打击腐败、追逃追赃等方面开展合作。"

11 月 22 日，习近平主席同斐济总理姆拜尼马拉马会谈时表示：

① 黄树贤. 把惩治腐败的天罗地网撒向全球：深入学习习近平总书记关于反腐败国际合作和追逃追赃工作的重要论述［J］. 求是，2016（11）.

“中方感谢斐方协助中国政府开展海外追逃追赃工作，希望继续加强两国执法合作。”

2014 年，在中方推动下，APEC 通过了《北京反腐败宣言》，成立 APEC 反腐执法合作网络，在亚太加大追逃追赃等合作，携手打击跨境腐败行为。《北京反腐败宣言》是第一个由中国主导起草的国际性反腐败宣言，相当于给外逃贪官重重地关上了“天堂之门”。

之后，习近平总书记还多次强调反腐败国际合作的重要性与迫切性。2016 年 1 月 12 日，习近平总书记在十八届中央纪委六次全会上强调：“要加大国际追逃追赃力度，推动二十国集团、亚太经合组织、《联合国反腐败公约》等多边框架下的国际合作，实施重大专项行动，把惩治腐败的天罗地网撒向全球，让已经潜逃的无处藏身，让企图外逃的丢掉幻想。”

习近平总书记主张平等互信，指出反腐败是各国面临的共同任务和致力于现代化的必然举措；主张包容互鉴，指出中国愿意借鉴国际反腐败经验，与各国相互支持、相互协助；主张合作共赢，指出构建务实合作网络，营造风清气正的商业环境。这些主张得到国际社会的广泛支持与认可，使中国成为全球反腐败治理的重要力量。①

（2）习近平总书记重要论述为开展反腐败国际合作和追逃追赃工作指明了方向。②

一是提出以追逃追赃为核心的一系列反腐败国际合作倡议，赢得国际社会的尊重。

二是提出了一系列反腐败国际合作的重大原则。当今国际形势正发生重大、复杂、深刻变化，加强反腐败国际合作成为深化全球治理、推动全球可持续发展的重要议程。

---

① 黄树贤. 把惩治腐败的天罗地网撒向全球：深入学习习近平总书记关于反腐败国际合作和追逃追赃工作的重要论述［J］. 求是，2016（11）.

② 黄树贤. 把惩治腐败的天罗地网撒向全球：深入学习习近平总书记关于反腐败国际合作和追逃追赃工作的重要论述［J］. 求是，2016（11）.

三是指出了反腐败国际合作和追逃追赃工作的重点任务、主要措施和方式方法。如：要求建立集中统一的领导体制和高效顺畅的协调机制；要求搭建全球追逃追赃平台，抢占话语权；要求善于运用法治思维和法治方式，健全配套法规制度。

四是提出积极融入国内国际两个大局。既要融入全面从严治党这个大局，与党风廉政建设和反腐败斗争各项任务一同研究、一同部署、一同落实，厚植党的执政基础；又要融入深化全球治理这个大局，创新外交理念，利用重要国际会议等场合高频率、全方位推动，为党风廉政建设和反腐败斗争营造良好国际环境。

五是提出必须充分发挥制度优势。反腐败国际合作和追逃追赃工作政治性、政策性很强，必须在党中央的统一领导下，把这项跨领域、跨部门的重要工作抓紧抓实。

六是提出将反腐败国际合作纳入党和国家整体外交工作格局。履行《联合国反腐败公约》，积极推动以公约为基础开展引渡、资产返还等司法执法合作。办好二十国集团反腐败工作组会议；推动《北京反腐败宣言》落实，通过各种制度化安排促使亚太经合组织反腐败执法合作网络发挥实质作用；加快金砖国家反腐败机制建设，不断提高新兴市场国家和发展中国家在国际反腐败领域的话语权；积极开展党际交往，加强反腐败经验交流。

七是提出加大政策研究和舆论宣传力度。紧紧围绕追逃追赃重点难点问题开展调研，加强对反腐败国际规则、制度和法律的研究，为境外追逃追赃提供司法依据和法律武器。加强宣传舆论工作，中央媒体要主动发声，利用各种平台主动讲好中国反腐败故事，阐述中国主张，增强国际话语权。加强舆情研判，主动策划实施系列宣传活动，增强工作透明度，驳斥错误言论，消减偏见误解，努力营造良好的国际舆论环境。

当前，世界正在经历百年未有之大变局，各国利益休戚与共，更加需要加强国际合作、携手打击腐败。要积极推动反腐败多双边合作，深度参与国际规则制定，坚决打击跨国腐败犯罪，拒绝为腐败分子和腐败资产提供“避风港”，为反腐败全球治理贡献中国智慧、中国方案。①

二、一体推进反腐败国家立法

（一）提高一体推进“三不腐”能力与水平研究

1. 习近平总书记关于一体推进“三不腐”原创性理论是我们一体推进反腐败国家立法的根本遵循

党的十八大以来，以习近平同志为核心的党中央坚定不移地推进全面从严治党，持续深入地开展反腐败斗争，取得了令世人瞩目的历史性成就，积累了管党治党和反腐败斗争的诸多宝贵经验。在众多经验中，一体推进不敢腐、不能腐、不想腐（简称“三不腐”）更是上升到了新时代反腐败斗争基本方针、战略目标和新时代全面从严治党重要方略的战略高度。

一体推进“三不腐”，是习近平总书记在长期实践中总结提出的原创性理论，是习近平新时代中国特色社会主义思想的重要内容，深刻揭示了标本兼治、系统施治的反腐败基本规律，丰富了党的自我革命战略思想，开辟了从严管党治党新境界，充分彰显了我们党勇于自我革命的最鲜明品格和最大政治优势，具有重大而深远的政治意义、历史意义、理论意义和实践意义。

一体推进“三不腐”来自习近平总书记对反腐败斗争、全面从严治党规律一以贯之、与时俱进的深刻思考和实践推动。

习近平总书记早在浙江工作时就初步形成了构建不敢腐、不能

---

① 李鹏．加强国际合作　持续追逃追赃［N］．中国纪检监察报，2022-11-18.

腐、不想腐机制的设想：要构建一个惩防并举的体系。他指出，“事前教育很重要，通过增强自身‘免疫力’让人不想腐败；事后处理也很重要，通过强化警示作用，让人不敢腐败；全过程监督更重要，通过严格制度规范，让人不能腐败”。加强反腐倡廉工作，必须“不断强化‘不能为’的制度建设，‘不敢为’的惩戒警示，‘不想为’的素质教育”。结合浙江实际，从理论和实践上探索一体推进“三不腐”的方法路径，推动惩治和预防腐败体系制度创新。

党的十八大以来，面对依然严峻复杂的反腐败斗争形势，习近平总书记强调，在保持高压震慑、强化不敢的同时，构建“三不腐”的有效机制。

2013 年 1 月，在十八届中央纪委二次全会上提出，“要加强对权力运行的制约和监督，把权力关进制度的笼子里，形成不敢腐的惩戒机制、不能腐的防范机制、不易腐的保障机制”。

2014 年 1 月，在十八届中央纪委三次全会上提出，“加大查办违纪违法案件力度，保持惩治腐败高压态势，形成不敢腐、不能腐、不想腐的有效机制”。

2015 年 1 月，在十八届中央纪委五次全会上强调，“坚决遏制腐败现象蔓延势头，着力营造不敢腐、不能腐、不想腐的政治氛围”。

2017 年 1 月，在十八届中央纪委七次全会上，进一步阐释“三不腐”的内容方法和侧重点，指出“不敢腐，侧重于惩治和威慑”，“不能腐，侧重于制约和监督”，“不想腐，侧重于教育和引导”。

2017 年 10 月，党的十九大报告强调，“强化不敢腐的震慑，扎牢不能腐的笼子，增强不想腐的自觉，通过不懈努力换来海晏河清、朗朗乾坤”，同时把“构建不敢腐、不能腐、不想腐的有效机制”写入党章。

经过党的十八大到党的十九大的实践，不敢腐的目标初步实现，不能腐的笼子越织越密，不想腐的堤坝正在构筑，反腐败斗争压倒性态势已经形成并巩固发展，全面从严治党成效卓著。

党的十九大以来，伴随着全面从严治党、反腐败斗争持续深入，习近平总书记深入阐释“三不腐”内在联系，明确一体推进的基本原则、方法策略，推动一体推进“三不腐”理论、实践和制度创新。

2018 年 1 月，习近平总书记在十九届中央纪委二次全会上强调，“标本兼治，关键在治，治是根本。我们党强调不敢腐、不能腐、不想腐，揭示了反腐防腐的基本规律。要强化不敢腐的震慑，扎牢不能腐的笼子，增强不想腐的自觉”。

2019 年 1 月，在十九届中央纪委三次全会上提出，“不敢腐、不能腐、不想腐是一个有机整体，不是三个阶段的划分，也不是三个环节的割裂。要打通三者内在联系”。

2019 年 10 月，党的十九届四中全会明确把构建一体推进不敢腐、不能腐、不想腐体制机制，纳入坚持和完善中国特色社会主义制度、推进国家治理体系和治理能力现代化战略部署。

2020 年 1 月，在十九届中央纪委四次全会上强调，“一体推进不敢腐、不能腐、不想腐，不仅是反腐败斗争的基本方针，也是新时代全面从严治党的重要方略”。

2021 年 1 月，在十九届中央纪委五次全会上提出，“要坚定不移推进反腐败斗争，不断实现不敢腐、不能腐、不想腐一体推进战略目标”。

2021 年 4 月，在广西考察时强调，“要始终抓好党风廉政建设，使不敢腐、不能腐、不想腐一体推进有更多的制度性成果和更大的治理成效”。

2021 年 11 月，党的十九届六中全会通过的《中共中央关于党的百年奋斗重大成就和历史经验的决议》明确提出：“党坚持不敢腐、不能腐、不想腐一体推进，惩治震慑、制度约束、提高觉悟一体发力，确保党和人民赋予的权力始终用来为人民谋幸福。”

2022 年 1 月，习近平总书记在省部级主要领导干部学习贯彻党的十九届六中全会精神专题研讨班开班式上发表重要讲话，强调：

“党风廉政建设和反腐败斗争永远在路上，一刻也不能放松，要以抓铁有痕、踏石留印的坚韧和执着，继续打好党风廉政建设和反腐败斗争这场攻坚战、持久战。”一体推进不敢腐、不能腐、不想腐，就是要将正风肃纪反腐与全面深化改革、完善制度约束、促进治理成效贯通起来，用好“四种形态”，深化标本兼治，把惩治的威慑力与制度的约束力、政策的感召力、文化的影响力叠加起来，一体推进，同向发力。

2022 年 6 月，在中央政治局第四十次集体学习时的重要讲话中提出，“要加深对新形势下党风廉政建设和反腐败斗争的认识，提高一体推进不敢腐、不能腐、不想腐的能力和水平，全面打赢反腐败斗争攻坚战、持久战”。

习近平总书记的重要论述，思想深邃、内涵丰富，系统总结了新时代反腐败斗争取得的显著成效、积累的重要经验，凝结着对腐败的发生机理、管党治党规律的科学认识，集中体现了党的十八大以来党风廉政建设和反腐败斗争的理论创新、实践创新、制度创新，并就加深对新形势下党风廉政建设和反腐败斗争的认识，提高一体推进不敢腐、不能腐、不想腐的能力和水平作出了具体部署，为全面打赢反腐败斗争攻坚战、持久战提供了强有力的思想和行动指南、根本遵循。

因而，在这样的背景下，深入学习习近平总书记关于一体推进“三不腐”的重要论述，研究如何提高一体推进“三不腐”能力与水平，分析其深远的实践意义、理论意义与世界意义，极具意义。

2. 党的十八大以来一体推进“三不腐”的实践回溯、绩效评估与战略谋划

实践是理论之源。党的十八大以来，我们党始终着眼于新的形势任务，着力构建不敢腐、不能腐、不想腐的体制机制。2019 年 1 月，十九届中央纪委三次全会召开。全会工作报告系统总结了改革开放 40 年来纪检监察工作的认识和体会，其中重要一条就是，始终肩负起推进反腐败斗争的重大任务，坚持标本兼治、固本培元，“构建不敢腐、不能腐、不想腐的有效机制”。

从最初的“不敢腐、不能腐、不易腐”，到“形成不敢腐、不能腐、不想腐的有效机制”“一体推进不敢腐、不能腐、不想腐”，再到党的十九届四中全会“构建一体推进不敢腐、不能腐、不想腐体制机制”，再到2022年6月“提高一体推进不敢腐、不能腐、不想腐的能力与水平”，表述的变化，体现了实践的推动，体现了问题导向和目标导向的统一，顺应了新时代反腐败斗争的实践要求，反映了反腐败斗争方略和体制机制的与时俱进。

在党中央坚强领导下，不敢腐的震慑效应充分显现，不能腐的笼子更加紧密，不想腐的堤坝初步构筑，标本兼治综合效应更加凸显。反腐败斗争取得压倒性胜利并全面巩固，成功走出了一条依靠制度优势、法治优势的反腐败之路。

实践证明，一体推进不敢腐、不能腐、不想腐是一个科学思路、有效方法，必须体现和落实到正风肃纪反腐的全过程、各方面，在工作中坚持好发展好。

成功经验只有上升为制度才能长远，有效机制只有构建成体系才能长效化。

3. 党的十八大以来一体推进“三不腐”的制度建构与创新路径研究

党的十八大以来，在提出并不断深化“三不腐”一体推进的过程中，以习近平同志为核心的党中央注重运用法治思维和法治方式，坚持依规治党和依法治国相统一，统筹推进反腐败党内法规和国家立法一体建设，完善管党治党法规制度，健全纪检监察法规制度体系，把“三不腐”一体推进的方针方略以法规制度形式固定下来，取得了一批制度性成果。

（1）推进反腐败党内法规和国家立法建设，把“三不腐”一体推进的方针方略以法规制度形式固定下来。

2016 年出台的《关于新形势下党内政治生活的若干准则》规定，“必须筑牢拒腐防变的思想防线和制度防线，着力构建不敢腐、不能腐、不想腐的体制机制，保持党的肌体健康和队伍纯洁”。党的十九大修改的《中国共产党章程》在总纲中明确，“深入推进党风廉政建设和反腐败斗争，以零容忍态度惩治腐败，构建不敢腐、不能腐、不想腐的有效机制”。党的十九届六中全会通过的《中共中央关于党的百年奋斗重大成就和历史经验的决议》提出，“党坚持不敢腐、不能腐、不想腐一体推进，惩治震慑、制度约束、提高觉悟一体发力，确保党和人民赋予的权力始终用来为人民谋幸福”。

2021 年 9 月施行的《中华人民共和国监察法实施条例》和 2021 年 12 月发布的《中国共产党纪律检查委员会工作条例》，首次以国家法律法规和党内法规形式对一体推进“三不腐”作出规定。监察法实施条例第五条规定：“监察机关应当坚定不移惩治腐败，推动深化改革、完善制度，规范权力运行，加强思想道德教育、法治教育、廉洁教育，引导公职人员提高觉悟、担当作为、依法履职，一体推进不敢腐、不能腐、不想腐体制机制建设。”监察法实施条例把党的十八大以来在推进党风廉政建设和反腐败斗争中形成的新理念新举措新经验以法律法规形式固定下来，有利于保障反腐败工作在法治轨道上行稳致远。纪委工作条例第二十九条明确：“党的纪律检查工作坚持把一体推进不敢腐、不能腐、不想腐作为反腐败斗争的基本方针、新时代全面从严治党的重要方略，惩治震慑、制度约束、提高觉悟一体发力，系统施治、标本兼治，努力取得更多制度性成果和更大治理成效。”这条规定坚持与时俱进，将一体推进“三不腐”以党内法规形式固定下来。

（2）把“不敢腐”以法规制度形式固定下来。

党的十八大以来出台的法规制度，“严”一直是关键词。

党章总纲指出，新形势下，党面临的执政考验、改革开放考验、市场经济考验、外部环境考验是长期的、复杂的、严峻的，精神懈怠危险、能力不足危险、脱离群众危险、消极腐败危险更加尖锐地摆在全党面前。要把严的标准、严的措施贯穿于管党治党全过程和各方面。

监察法也明确规定，“国家监察工作坚持标本兼治、综合治理，强化监督问责，严厉惩治腐败”。

2018 年修订的《中国共产党纪律处分条例》和 2020 年 7 月施行的《中华人民共和国公职人员政务处分法》，分别划出了党组织、党员干部和公职人员的行为底线，推动实现党员干部、公职人员因敬畏纪法而不敢腐。

在高压震慑和政策感召下，党的十九大以来，主动投案人数大幅增长。2021 年，有 3. 8 万人向纪检监察机关主动投案，比 2020 年多出了 2. 2 万人；有 10. 4 万人向纪检监察机关主动交代问题。

（3）把“不能腐”以法规制度形式固定下来。

2016 年出台的《中国共产党党内监督条例》聚焦党内监督存在的薄弱环节，围绕权力、责任、担当设计监督机制。

2019 年 9 月施行的《中国共产党问责条例》规定，“被问责党组织、被问责领导干部及其所在党组织应当深刻汲取教训，明确整改措施。作出问责决定的党组织应当加强督促检查，推动以案促改”。

监察法实施条例，坚持将以案促改的理念贯穿监察机关履行监督、调查、处置职责全过程，要求监察机关以办案促进整改、以监督促进治理，在查清问题、依法处置的同时，剖析问题发生的原因，发现制度建设、权力配置、监督机制等方面存在问题的，向有关机关、单位提出改进工作的意见或者监察建议，促进查办案件与深化改革、完善制度、促进治理相贯通。

2019 年 6 月施行的《中华人民共和国公务员法》第五十七条规定，机关应当对公务员的思想政治、履行职责、作风表现、遵纪守法等情况进行监督，开展勤政廉政教育，建立日常管理监督制度。

党的十八大以来，我们党着力扎紧防治腐败的制度笼子，形成了一整套比较完善的党内法规体系和反腐败法律体系，增强制度刚性，防止“破窗效应”，确保各项法规制度落地生根。

(4) 把“不想腐”以法规制度形式固定下来。

廉洁文化建设是一体推进“三不腐”机制的重要组成部分。

2022年2月，中共中央办公厅印发《关于加强新时代廉洁文化建设的意见》，要求把加强廉洁文化建设作为一体推进不敢腐、不能腐、不想腐的基础性工程抓紧抓实抓好。

监察法第六条要求“加强法治教育和道德教育，弘扬中华优秀传统文化”。

监察法实施条例第五条规定的“加强思想道德教育、法治教育、廉洁教育，引导公职人员提高觉悟、担当作为、依法履职”强调了“廉洁教育”，丰富了教育的方式、内容和目标，为不想腐的自律机制注入新的内涵。

法规制度的生命力在于执行。在党中央的坚强有力领导下，“三不腐”一体推进方针方略必将更好地落实到管党治党的各领域各方面，取得更多的制度性成果和更大的治理效能。

4. 提高一体推进“三不腐”能力与水平的制度体系创新与法治保障的前瞻性研究

在数字化时代，要提高一体推进“三不腐”能力与水平，需要从以下几个方面进行顶层设计和总体规划，以及加强相关制度和法治保障。

一是必须按照党和国家的中心任务来统筹和谋划提高一体推进“三不腐”能力与水平的顶层设计和总体规划。要科学制定总体规划和具体计划，积极推进各项工作，保证党和国家重大决策部署在顶层设计和总体规划中的贯彻落实。

二是加强对数字化时代提高一体推进“三不腐”能力与水平的深入研究。其一，应制定一部综合性的立法，如提高一体推进“三不腐”能力与水平保障法。该法应当是该领域的基本法，其核心内容是确立提高一体推进“三不腐”能力与水平的基本安排和基本制度，明确提高一体推进“三不腐”能力与水平的原则、体制（包括机构设置）和程序等问题。它还包括对提高一体推进“三不腐”能力与水平的监督与法律责任及其程序，是提高一体推进“三不腐”能力与水平的关键性制度。它将有助于构建起一套充分体现中国特色的提高一体推进“三不腐”能力与水平体系。随着法律的实施，将有效提高一体推进“三不腐”能力与水平，加快推动数据高效流动与价值释放，更好发挥数据作为新生产要素在党风廉政建设与反腐败斗争中的重要作用。它既是提高一体推进“三不腐”能力与水平的重要立法探索和实践，也是提高一体推进“三不腐”能力与水平的基础框架，对于实现数据价值、释放数据红利具有重要促进作用。

其二，就我国而言，虽然一些地方已设立了诸如大数据管理局之类的机构，但并没有负责提高一体推进“三不腐”能力与水平的部门，因此有必要设置专门机构，配备相关人员，从而为提高一体推进“三不腐”能力与水平提供保障。

其三，制定提高一体推进“三不腐”能力与水平保障法实施细则，落实其法律要求。拟定提高一体推进“三不腐”能力与水平分类标准、数据获取技术等实施政策，制定政府数据采集质量保障和安全管理标准，加强政府数据开放的标准化和操作化，保证开放数据的可用性和可访问性，借此指导推进全国各级政府提高一体推进“三不腐”能力与水平。

其四，保障法律制度的执行。新的立法出台后，面临的挑战在于能否有效地实施。因此，应明确提高一体推进“三不腐”能力与水平的考核和监督部门为纪检监察机关，并明确考核制度、责任追究制度建设的主要内容。

其五，完善公共数据开放利用救济制度。可借鉴法国的做法，在各级公共机构中设立公共数据开放利用委员会，使其具有较强约束力，便利公民行使其获取公共数据的合法权利的请求程序。

三是深入研究教育培训在数字化时代一体推进“三不腐”能力与水平中的作用。提高一体推进“三不腐”能力与水平，离不开各级公共机构公职人员的主动参与和积极配合。责任最终都会落到每个公职人员身上，单纯依靠绩效评估、监督考核，力度远远不够。要提高一体推进“三不腐”能力与水平，必须通过教育培训来转变观念，在公职人员队伍中养成廉洁行政的习惯与自主学习廉洁文化的习惯。在良好的廉洁文化的氛围中，鼓励公职人员不断提高一体推进“三不腐”能力与水平。

四是建立数字化时代提高一体推进“三不腐”能力与水平的评估系统。发达国家对于反腐败评价指标的研究较早、发展程度较高，这对我们的研究来说是一个很好的借鉴。因此，首先要研究反腐败国际评估体系的模式与内容、方法，尤其是研究域外反腐败立法评价指标体系的理论成果及实践经验，寻找规律性的和可本土化的借鉴。其次要研究提高一体推进“三不腐”能力与水平评估体系的构成，涉及构建原则、标准、评价指标的选取与权重的确立等等。

五是深入研究数字化时代提高一体推进“三不腐”能力与水平的制度创新与法治保障功能。首先要转变观念。提高能力和水平，思想须先行。提高能力与水平的主体应树立与之相适应的理念，并积极将这些理念付诸实践。其次要建章立制。制定与出台一批提高一体推进“三不腐”能力与水平的保障制度。再次要明确体系，以及能力和水平提升主体的责任。最后要创新教育培训方法以确保能力与水平不断得到提高。

（二）助推中国特色反腐败法律法典化的战略、途径与方法

1. 反腐败法律法典化的必要性与可行性

自党的十八届四中全会提出“加快推进反腐败国家立法”以来，

我国的反腐败立法取得了前所未有的成就。尤其是《中华人民共和国监察法》及相关法律的立改废释，为反腐败斗争取得压倒性胜利提供了强有力的法制保障。但当前，“如何坚持零容忍、全覆盖”，“如何在反腐败斗争中依法保护当事人的合法权益，如何完善执纪与执法有效衔接的程序，如何实现监察、检察、审判证据一体化”，①都亟需反腐败法典来规范。理由如下：一是可以减少反腐败法制中的法律冲突，二是可以弥补反腐败法制中的法律空白，三是可以减少反腐败法制中的重复条款。因而，推进反腐败法律法典化刻不容缓。

目前，反腐败法律法典化时机已经成熟。表现在：一是遇到了一个千载难逢的发展好时代；二是关于反腐败立法研究已很深厚；三是反腐败司法审判积累了大量经验，也培养了大批经验丰富的法官，他们对反腐败法律规则的不足及各单行法律之间的矛盾和冲突有充分认知；四是有大量可借鉴的域外法典化经验。

2. 法典化的具体内容

（1）反腐败法典总则编：以立法形式确立适用于所有反腐败领域的基本法律原则（编纂反腐败基本法）。

（2）反腐败法典分则编：整合、补充、修改既有反腐败单行法，并制定新的反腐败单行法，编纂成反腐败法典各分编（草案）。

如：预防编，应包含公职人员财产申报与公示法、防止公职人员利益冲突法、行政程序法、政务公开法、公共听证法、预算法、反私营部门腐败法、遗产税与赠与税法、限制大额现金提取与交易法、公民参与反腐败保障法、金融实名管理法、公民诚信体系建设法等。

惩治编，应包含政务处分法、反回扣法、反洗钱法、刑法、刑事诉讼法等。

监督编，应包含监察法、举报法、新闻法、申诉法、巡视工作条例等。

---

① 张文显．以法治思维和法治方式反对腐败［N］．中国纪检监察报，2019-11-25.

国际合作编，应包含反腐败国际合作法、境外追赃与追逃法、反海外腐败法等。

伦理编，应包含公职人员从政伦理法、廉政文化建设法、公共职务保障法、社会公共道德教育法等。

3. 反腐败法律法典化的战略、途径与方法

（1）“两步走”战略。

一部法典所要规范的事项千头万绪、体系结构错综复杂，借鉴其他国家或地区的法典编纂方式，我们认为，中国特色反腐败法律法典化应分阶段渐进完成。具体而言，是两个“两步走”立法策略的实施。第一个“两步走”是指先制定反腐败单行法，以满足夺取反腐败斗争压倒性胜利的急迫需要，等条件成熟后再编纂反腐败法典。第二个“两步走”是指先制定反腐败法典总则编，再编纂各分则编，最后将总则编与各分则编合成为反腐败法典。

（2）途径。

反腐败法典编纂工作有两个思路：一是先制定反腐败单行法再编纂反腐败法典；二是以编纂反腐败法典之举措完善中国特色社会主义反腐败法律体系。由于第二阶段的法典编纂采纳由立法机关完全主导法律草案起草、修改事宜的法典生成方法，所以法典对既有反腐败法律体系的完善，将主要表现为增补一些适应改革开放，尤其是新时代需求的法律规定，而不是从法理、立法技术、法律体系出发，对反腐败法律体系自身存在的诸多问题做查漏补缺的立法完善。

（3）方法。

在法典化过程中，一是要坚持从实证到理性的方法论原则，法典编纂工作要立足党的十八大以来的反腐败立法实践，基于对法条的扎实的实证研究，还要在实证研究的基础上进行价值规范的思考和平衡；二是要考虑法律适用问题，处理好法典与判例及司法解释的关系，走平民化的立法思路，突出人民群众对法典的理解与法官适用法律的方便，法典的语言力求通俗易懂，准确严谨；三是要力求立法思维超前，制定更远未来能够适用的法律规范，又要讲究法典编撰的体系性。

4. 实施法典应注意的问题

一是要让反腐败法典的时代精神全面融进党风廉政建设与反腐败斗争之中。

二是要充分发挥反腐败法典为经济与社会发展保驾护航的作用。

三是要充分发挥司法裁判的能动功能。通过司法裁判体现出法制体系中制度补益与规范精进的完善发展，实现法典在若干重点领域良法善治的社会管理功能。

三、继续推进反腐败国际合作与立法

腐败是人类社会的公敌，反腐败是世界各国面临的共同难题，合作打击跨国腐败犯罪、拒绝为腐败犯罪嫌犯和非法资金提供“避风港”，是国际社会的共识。

2018 年 12 月，中央纪委国家监委举办纪念第十五个国际反腐败日招待会，联合国秘书长古特雷斯专门发来书面贺词，重申联合国对国际反腐败事业的重视和支持。“腐败存在于所有国家，无论贫穷或富裕，发展中国家或发达国家，概莫能外……值此国际反腐败日来临之际，让我们为廉洁摇旗呐喊。”①

反腐败国际追逃追赃是全面从严治党、党风廉政建设和反腐败斗争的重要组成部分，关系党和国家形象。

中国共产党坚定不移反对腐败，坚持不懈追逃追赃，牢牢占据了道义制高点、法律制高点，获得国际社会的普遍赞誉和支持。

---

① 瞿芃. 为构建人类命运共同体贡献力量：写在第十五个国际反腐败日［N］. 中国纪检监察报，2018-12-09.

党的十八大以来，中国的反腐败国际话语权和影响力不断提升，治理腐败问题的中国方案、中国智慧越来越引起国际社会同频共振。①

中国治理腐败的理念和实践已成为很多国家主动学习的榜样。2016年，联合国审议我国履行《联合国反腐败公约》情况时，高度赞扬我国反腐败的决心、措施和成果，指出"中国的领导层更加重视反腐工作，展现出持续的、坚定不移的决心"。越共十二大借鉴中国的中央八项规定等反腐经验，提出"抓大鱼"反腐理念。柬埔寨人民党则将"照镜子、除除尘、洗洗澡、治治病"写入工作报告，提出"大鱼小鱼一起抓"。在西班牙，执政党人民党决定设立类似中央纪委的党内监督机构"人民监督办公室"。②

为切实执行和完善《联合国反腐败公约》，中国积极引领和推动相关国际反腐合作。例如，中国推动通过了《北京反腐败宣言》、成立了APEC反腐败执法合作网络；在二十国集团领导人杭州峰会上，中国推动通过《二十国集团反腐败追逃追赃高级原则》，并设立反腐败追逃追赃研究中心；推动金砖国家成立反腐败工作组，就加强反腐败合作达成重要共识并写入《金砖国家领导人厦门宣言》；在《联合国反腐败公约》第七届缔约国大会上，中国有关反腐败国际合作的方案写入了大会的最终决议。③

经过多年的不懈努力，中国履约实现了从跟跑、并跑到领跑的转变，为执行完善《联合国反腐败公约》贡献了中国智慧、中国方案。

---

① 戚振宏．为全球治理腐败贡献中国智慧和中国方案［J］．中国纪检监察，2020（16）：19-20.

② 戚振宏．为全球治理腐败贡献中国智慧和中国方案［J］．中国纪检监察，2020（16）：19-20.

③ 戚振宏．为全球治理腐败贡献中国智慧和中国方案［J］．中国纪检监察，2020（16）：19-20.

结　论

一、关于认真对待国外评价的思考

近年来，中国统筹国内与国外反腐大局，取得了令世界瞩目的成绩。不仅向国际社会传递出强有力的反腐败的“中国声音”，也提供了反腐败的“中国模式”，贡献了反腐败的“中国方案”　“中国智慧”。

随着反腐败斗争成效凸显，中国反腐开始占据国际道义制高点，不仅赢得国际社会尊重，也推动构建国际反腐新秩序。中国正成为国际社会反腐败的一面旗帜。①

国外各类评价者持续关注中国反腐败与反腐败立法，不时发表关于中国反腐败与反腐败立法的评价。对于善意的评价者，不管其是否存在“异质思维”，也不管其视角有多么不同，其观点有多么不一致，即便是“对立”之论，抑或有“异端”之说，我们都要以包容的心态、理性的态度，认真对待，管控分歧，寻找共识。不同的视角和观点，会引发我们重新思考，因为即使是冲突、对立的评价有时也会带给我们启发。因而，多角度看待中国近年来的反腐败与反腐败立法，会让我们的结论更客观、全面、系统、完整。

通过前面各章的梳理与研究，我们发现，大部分国外评价者对中

---

① 温红彦，盛若蔚，姜洁，等. 坚决打赢反腐败这场正义之战：党的十八大以来反腐败斗争成就述评［N］. 人民日报，2017-09-18（01）.

国反腐败与反腐败立法持肯定评价，其中不乏赞扬与客观分析。但也存在质疑、怀疑态度与评价，甚至是抹黑、唱衰中国反腐败与反腐败立法的现象，认为中国要以此改变当前国际秩序，扩大政治影响力。

国外对中国的反腐败与反腐败立法的看法或评价是一种基于人或机构的主观认知、感觉、判断的结果，反映的是对中国反腐败与反腐败立法的印象和感知。国外的看法、评价在一定程度上会影响国际社会对于中国反腐败与反腐败立法等议题的关注，影响中国深度参与、引领国际反腐败合作与立法。客观的看法与评价会推动、促进反腐败国际合作。非客观的看法与评价则歪曲、抹黑中国反腐败与反腐败立法。同时，哪怕是客观的看法与评价也存在局限性，因为它作为一种主观的印象和感知来评价中国的反腐败与反腐败立法，这本身就具有不准确性和非科学性。此外，国外的看法、评价也存在着不公正性，其结果不能够充分反映中国反腐败和反腐败立法情况的客观事实。

不同的视角看问题，可能会引发我们对平常不会去考虑的问题进行思考。

总之，对待国外的评价，应在保持政治清醒的同时，采取科学、理性的态度，尤其是对待否定性评价，绝不应持简单否定的态度，而应从理论和实践角度认真研判，进而确定我们应持的立场、态度及应对方略。尤其是找到我们讲好“中国反腐败与反腐败立法的故事”的角度与方法，促进国际社会对中国反腐败与反腐败立法的正确认知，不断创新话语体系，为积极推进反腐败国际合作与立法提供良好的舆论环境。

我们唯有“兼听则明”，理性反思、总结我们的工作，才能开拓未来。

二、关于依法加强中国国际传播能力建设的思考

在当下于我如此不利的舆论场下，中国的外宣媒体如何有效发声，把中国的声音传递出去，使反腐这项深得民心的举措能够在对外传播中获得应有的正面效果，[①]如何依法加强国际传播能力建设，不断提升中国的国际话语权与国际规则制定的主导权，是值得我们深入思考和探索的话题。

习近平总书记指出："要下大气力加强国际传播能力建设，形成同我国综合国力和国际地位相匹配的国际话语权，为我国改革发展稳定营造有利外部舆论环境，为推动构建人类命运共同体作出积极贡献。""要全面阐述我国的发展观、文明观、安全观、人权观、生态观、国际秩序观和全球治理观。要倡导多边主义，反对单边主义、霸权主义，引导国际社会共同塑造更加公正合理的国际新秩序，建设新型国际关系。要善于运用各种生动感人的事例，说明中国发展本身就是对世界的最大贡献、为解决人类问题贡献了智慧。"[②]习近平总书记还指出："要采用贴近不同区域、不同国家、不同群体受众的精准传播方式，推进中国故事和中国声音的全球化表达、区域化表达、分众化表达，增强国际传播的亲和力和实效性。要广交朋友、团结和争取大多数，不断扩大知华友华的国际舆论朋友圈。"[③]习近平总书记的

① 梁赛玉，马晓澄. 牢牢把握对外传播中的反腐话语权［J］. 对外传播，2014（06）：54-56.

② 习近平在中共中央政治局第三十次集体学习时强调加强和改进国际传播工作展示真实立体全面的中国［EB/OL］.（2021-06-01）［2023-04-16］. http：//www. gov. cn/xinwen/2021-06/01/content_ 5614684. htm.

③ 习近平在中共中央政治局第三十次集体学习时强调加强和改进国际传播工作展示真实立体全面的中国［EB/OL］.（2021-06-01）［2023-04-16］. http：//www. gov. cn/xinwen/2021-06/01/content_ 5614684. htm.

重要论述，是我们加强中国国际传播能力建设的根本遵循。

为此，我们需要主动设置议题，抢占舆论先机，引导国际舆论。这需要敢于触碰涉华舆论热点，对于西方抹黑中国的话题、对涉及我国核心利益的重大问题，有理有利有节地开展舆论斗争。值得反思的是，较长时间以来国内不少人习惯套用西方的理论、习惯从西方的视角出发来“衡量中国”，实际上不自觉地掉入了西方“权力政治”“文明冲突”“霸权转移”的窠臼中，不利于中国增强国际话语权。中国的国际传播应立足共建人类命运共同体理念，在国际传播的理念、内容和方式等领域都应体现出中国特色、中国智慧和中国气派。①

具体而言，我们要积极主动开展反腐败外宣工作，重视对外传播方式和表达的创新，不断提升国际影响力，引导西方国家客观、正确认识我国反腐败工作，对奉行双重标准、恶意污蔑攻击的予以揭露驳斥。充分发掘、依法运用各方面力量资源，不断拓宽追逃追赃工作渠道。

部分西方国家一直将和平崛起的中国作为主要战略竞争对手并进行全方位的遏制和打压，不断升级对中国的舆论攻击力度，利用自身的世界霸权地位、英语优势和信息优势，在国际上极力推销和灌输关于中国内外政策的负面叙事，贬损中国的国际形象。我国在舆论上的反击增强了国内的凝聚力和战斗力，但有关国际主流媒体影响力不强的问题仍未得到解决。客观地说，目前，我国多数时候并没有掌握舆论议题设置，以及舆论导向的主导权。面对负面舆情，我们始终处在被动响应的局面。如何脱困？需要智慧，也需要依法加强中国的国际传播能力建设。

既然西方国家对中国的政治制度有很深的偏见，再加上一些联合盟国从战略上压制中国，中国花很大力气也很难说服西方国家尊

① 张文宗，胡畔．中美舆论战与中国的国际传播［J］．和平与发展，2022（01）：1-15+136.

重中国的核心利益和发展模式。因此，我们可以将发展中国家确定为国际传播的重点，可以更积极地利用发展中国家的媒体力量，打破西方的话语霸权，推动发展中国家媒体成为新的国际主流媒体，形成一个符合人类命运共同体价值观的新闻新秩序。①

总之，增强中国国际传播能力是一项意义重大的系统工程，既要构建好中国话语和中国叙事，丰富与规范对外传播的渠道和手段，也要及时、准确、有力、持续地抵制和反击其他国家制造的虚假信息和影响力行动。

三、确保反腐败国家立法具有中国特色

一个国家的法律，是建立在自己特殊国情和历史文化传统之上的，当然应该有自己的特色。中国反腐败国家立法，既要吸收其他国家反腐败法律制度中符合廉洁政府建设一般规律的人类文明成果，也要有与中国国情、历史文化传统相适应的特色。

鉴于此，笔者认为需要注意以下几点。

第一，中国共产党在反腐败立法中的特殊作用。中国的反腐败与西方国家的反腐败有一个明显的不同，就是执政党在反腐败方面发挥的作用存在重大差异。中国共产党为了保持自己的先进性、纯洁性，有着反腐败的强大内在动力，并表现出了足够的主动性、积极性，成为反腐败的核心力量。因此，中国的反腐败国家立法要充分保障和体现执政党的领导作用。

第二，中国的反腐败立法要体现中国特色反腐倡廉道路。中国特色反腐倡廉道路有自己的特殊经验，如始终把党风廉政建设和反腐败斗争置于党和国家工作大局中来开展；坚持以人为本，切实维护人

① 张文宗，胡畔．中美舆论战与中国的国际传播［J］．和平与发展，2022（01）：1-15+136.

民群众的根本利益和党员干部的合法权益；坚持标本兼治、综合治理、惩防并举、注重预防的方针，以完善惩治和预防腐败体系为重点，加强反腐倡廉建设；坚持党的领导，建立和完善反腐败领导体制和工作机制。实践证明，中国特色反腐倡廉道路是适应中国国情的，因此反腐败立法要对此给予高度重视。

第三，反腐败立法要注重党内法规与国家立法的有机衔接与协调。党内法规是历史形成的、约定俗成的概念，指的是规范党组织的工作、活动和党员行为的党内规章制度。完善党内法规是法治原则的体现。中国特色的法治要求中国共产党应当依法执政，依规治党。中国共产党担负着领导国家的职责，但其本身又不是国家机关的组成部分，因此不仅应通过国家法律，也应通过党内法规规范其权力。党内法规对于促进党的领导规范化、提升党对国家和社会事务的领导能力、转变党和国家机关工作作风，以及推进反腐倡廉建设、惩治腐败等方面，发挥了至关重要的作用。比如，党内法规较国家法律法规具有更加及时、更加灵活、针对性更强的优势，可以把国家法律法规不便于作出规定的问题及时以党内法规制度的形式作出严格的规定。但我们也应该看到，党内法规和国家立法也有一些不协调的方面，如纪检机关办案中调取的证据，因其法律效力未得到刑事诉讼法的确认，往往需要司法机关重新调查取证，进行所谓的“证据转换”，导致有些案件在移交司法机关的过程中出现当事人乘机翻供的情况，给案件查处工作造成很大干扰；又如，领导干部财产申报问题，目前主要以党内法规的形式作出规定，但是财产申报的核实涉及对金融机构和其他相关机构的查询，对申报不实的财产党内法规又无法作出具有法律意义的处理，导致这一制度未能充分发挥对领导干部廉洁从政情况的监督作用。这些都说明我们必须重视党内法规和国家立法的协调与有机衔接。

后 记

本书的构思源于2010年9月。当时，我担任湖南大学廉政研究中心的研究员，受命带领我指导的博士生与硕士生团队，搜集整理了数百万字的英文文献，并从中精选翻译，编撰提交了《近年来国外对中国反腐倡廉工作的看法和评价——相关（英文）资料汇编》上、下两卷。此后，无论是作为国家社科基金重大项目的首席专家承担“推进反腐败国家立法与党内法规、制度建设研究”课题，还是主持2017年“十三五”国家重点图书出版规划项目“中国反腐败国家立法研究丛书”、2018年湖南省社科基金智库重大项目“中国反腐败立法研究”、2022年国家出版基金项目“中国反腐败国家立法研究丛书”、2023年广西大学应用经济学学科交叉科研项目“‘一带一路’建设中中国—东盟经贸合作廉洁规则研究”的过程中，我都形成了一个习惯——优先了解国际社会对中国反腐败与反腐败立法的看法与评价。日积月累，我搜集到的资料日益丰富，对国际评价的再评价也日益全面、体系化。

在此基础上，我参考了大量中英文文献，聚焦于党的十八大以来反腐败与反腐败立法取得的显著成果，选取了国外政要、国际组织官员、外国使节、国外政党领袖、国外主流媒体、国际廉评机构等多元评价主体，力求全面反映国际社会的多样声音。通过对国外评价的深度分析，我探讨了不同立场背后的动因与考量，并据此提出了相应的对策建议。

本书的完成仅仅是对国外关于近年来中国反腐败及反腐败立法评价研究的初步探索，也标志着一个新开端。书中某些观点可能尚待商榷，有待进一步完善。今后，随着理论研究与实践探索的深入，这一课题研究将持续拓展。我相信，此类研究的深化定能为我国今后的反腐败及反腐败立法工作带来更广阔的视野，带来更多的新启示、新思路。

尽管我在书中竭尽全力注明所有引用之处，不掠人之美，但仍可能存在疏漏，恳望大家的批评指正。

衷心感谢各级社科基金、规划项目的慷慨资助。特别感谢湖南省哲学社会科学规划基金办公室的理解和支持，允许我主持的湖南省2018 年湖南省社科基金智库重大项目“中国反腐败立法研究”延期结题。同时，也要感谢广西大学科研院鼓励我申报 2023 年广西大学应用经济学学科交叉科研项目“‘一带一路’建设中中国—东盟经贸合作廉洁规则研究”。

在此，向湖南大学和广西大学的领导、同事们表达诚挚的谢意，你们的关怀与支持是我前行的动力。

感谢家人长期以来对我的理解、包容与无私支持，你们是我学术道路上最坚实的后盾。

是为记。

聂资鲁

2023 年 7 月

于广西大学法学院